ナンバー2の美学

二階俊博の本心

監修＝大中吉一　文＝林 溪清

ブックマン社

まえがき

令和2年（2020年）9月8日、自由民主党幹事長二階俊博の通算在職日数が、二階自身が師と仰ぐ田中角栄の1497日を抜いて、歴代1位となった。すでに連続での在職日数では、池田勇人首相時代の前尾繁三郎（1095日）を抜いて歴代最長となっていたが、これで前人未到の、戦後最も長く自民党幹事長を務めた人物となった。その記録は本原稿を執筆している2020年10月現在で、安倍晋三総裁を引き継いだ菅義偉新総裁のもとでも幹事長職を継続されている。

そのことを二階氏に質問してみると、

「ただ在籍日数が長ければ良いというものではありませんからね。それは偶然の一つにすぎないと思っています。そんなことよりも、せっかく希望を持って自由民主党に来てくださったのに、党内で諍《いさか》いがあったり、あるいはこの党はいづらいなと

思ったりする方がいらっしゃらないように気を配っていくことが大切なのだと考えています。言ってみれば私は自民党幹事長になってから、マネージャーのような仕事をしてきたわけです。在任期間が長きにわたったことは、ただ単にそうしたことが積み重なっただけのことだと捉えています」

しかし、マネージャーというにはあまりにも責任が重大であり、人には言えぬ苦労が多いのではないかと水を向けると、こんな答えが返ってきた。

「**まったく苦労とは思っていません。当たり前のことをただ淡々とやってきただけです。それを苦労と思っているようでは政治家というのは務まらないと思います。それに自分自身、ケンカっ早い方ですし、辛抱強くもありませんからね。決して幹事長向きと言えるような人間ではないと思っています**」

議院内閣制における多数党、つまり与党の総裁（党首）が、内閣総理大臣となることが原則である我が国の仕組みのなかにあっては、党の代表がその権限において国務大臣を任命する制度をとっている。多くの場合、国務大臣はもとより副大臣や政務官といった政府の役職は、原則として与党ないし連立する党のなかから選出され、職務に当たることとなる。つまり政府与党で総裁（党首）が内閣総理大臣に選出されている場合は、必然的に首相兼総裁が多忙になってしまうことから、幹事長というのは好むと好まざるとにかかわらず、党の全権を掌握することとなるのだ。

ちなみに自由民主党の規約における幹事長の位置づけは、「総裁を補佐し、党務を執行する（自由民主党党則8条1項）」とあり、基本的に国政に関与しないのが原則である。逆に言えば、党として活動する限りにおいては、最高権力者ということになる。党における予算の配分や、選挙の総指揮などもそこには含まれており、党内の主だった活動をすべて掌握している立場にあると言えるのだ。そういった意味合いでは、「副総裁」「副代表」「副委員長」「副党首」などの役職よりも権限は上であり、名実ともにナンバー2である。

本書では、その二階俊博の長期在職の秘密に迫るとともに、人間・二階俊博の実像を掘り起こしてみたいと思う。

目次

第一章

二階幹事長　講演　抄録（2020年9月）

「アフターコロナ時代の我が国のあり方」

大変お忙しいなか、この広い会場いっぱいに、日頃自民党のために大活躍をしていただいている有力な方々にお集まりをいただきありがとうございます。そのお姿を拝して、大変力強く、また党を預かるものとして大変嬉しく思う次第でございます。

この度の総裁選挙は、ご承知のとおり3人の候補が堂々たる論戦を展開されました。立派な総裁選挙になったと内外の評価をいただいております。特に先日の演説会においては、皆さんにとっても印象的であったと思いますが、石破先生が「政治家の仕事はたった一つ。勇気、そして真心をもって真実を語ることだ」と、こう述べられました。それが政治家なのだという、大先輩であられた渡辺美智雄先生のお言葉を引用されて、政治家の原点を我々に思い出させてくれました。石破先生の持つ矜持《きょうじ》をあらためて称《たた》えたいと思います。

これからは菅義偉新総理・総裁のもと一致結束して、これを差配して、私たちの国を前に進めていかなくてはなりません。皆様にも格段のご協力をお願いしたいと存じます。本日は総裁選挙の熱気もまだ冷めやらない状況ではありますが、若干、私の考えを述べさせていただきます。

私は外交というものは政府、いわゆる外務省が行うことがすべてではないと思っております。後ろの棚田のところを、党が中心となって広範にわたって養生し、それぞれの国との外交を展開していく必要があります。その思いから、議員外交を私どもは進めてまいりました。

この外交を通じて、我々が肝に銘じなければいけないことは、国と国との間で約束をしたことは、しっかり守るという原則です。絶対に裏切ってはならない。木を植え、種を蒔《ま》き、井戸を掘る……外交はそのように喩《たと》えられますが、我々はそれを基本として、心して実践してまいりました。

中国とは長い冬の時代もありましたが、今や誰が考えても春を迎えているわけであります。そのきっかけとなったのは、皆さんにもご協力をいただいて、２０１５年に３０００人の訪問団を率いて中国を訪れたことです。

3000人を前にして、習近平国家主席が、「先人の植えた木の陰で、のちの人が涼む」という中国のことわざを引いて、我々の今の努力がのちに実を結び、友好の花を咲かせてくれるであろう、ということを予言し、予告をしてくれました。まだ日中関係が冬の時代の真っただ中でありましたが、私はその言葉を聞いて深い感動を覚えたものであります。

今年、日中首脳会談が日本において行われるのであれば、必ずや第五の文書が結ばれ、世界の平和と繁栄を、日本と中国が中心となってともに成し遂げる、いわゆる「共存」という決意を固めることになっておりました。延期になっている訪問が、穏やかな雰囲気のなかで実現できることを心から願っているところであります。中国は誰もが言われるとおり、「引っ越しのできない隣人」であります。仲良くがっちり手を組んで、お互いに共通のことを常に考える国柄となるように、切磋琢磨《せっさたくま》すべきであります。義談の精神、和の政治の心。これが特に日中間においては必要だと考えております。

日韓もまた同じことであります。私たちは必ず乗り越える道を発見する。必ず見出していくことができると信じております。

コロナ後の社会は、一人ひとりが人生を発明する時代だと位置づけされておりま す。外交においてもその心が必要であります。昨年、ベトナムのフック首相も、G20の際に、多忙な日程を無理に調整されたうえで、大阪から、大賀蓮《おおがはす》という古代蓮の植栽に参加するために和歌山を訪問してくれました。長年続けてきた蓮の花を通じての外交に対して、心からその誠意を見せていただいたことに、私は感謝の気持ちを抱いたものであります。

このように外交とは指導者同士の人間と人間との関係、人間と人間の信頼、これに尽きると思うわけであります。これ以外に外交の特別な方法やツールはありません。当たり前のことですが、私は敢《あ》えて、これを強調したいと思います。

私の母は和歌山の、最後は保健所で医者としてその生涯を捧《ささ》げました。母は人間の命を守る仕事に就いておりましたが、息子である私は、その母親の道を継がないで、政治の道に志を立てました。現在、再び日本が公衆衛生の分野を整備しなければならない時代に直面しています。私は医者の道に進まなかったその償いに、この道をしっかり頑張っていかなければならんと、心に期しておりました。

今後、アフターコロナの時代において、我が国の政治は国土強靭化《きょうじんか》とともに、新たに公衆衛生を中心とするヘルスケアを政治の柱に据えなければなりません。公衆衛生をも強靭化するために、国家の資源を集中投資すべきであります。併せて人材を育成しなければいけません。従来の医療に予防を含めることも必要であります。PCR検査はもちろんのこと、予防のための検査、妊娠出産のときにも医療の概念を加え、健康保険の対象にするということが、今、議論されていますが、私は、これは大変大事なことであると同時に、当然のことだと思っております。このことが今回の新型コロナウイルス感染症の対応における、最も大きな反省点でもあり、また、新しい出発点でもあります。

私は今回の新型コロナウイルス感染症の対応にあたって、リーマンショック後とは異なり、日本のなかだけの需要と供給を見ていくことだけではだめだと思っています。世界の免疫力をいかに高めるか、そのために日本はどれほどの尽力ができるか、どれほど貢献することができるか……これが国際社会における日本の立場として、当然、考えなければならないことであります。日本の人々だけではなくて、世界の人々のヘルスケアの力を高める努力を、我々が先頭に立ってしなければなりません。２０２０年補正予算によって、感染症対策を私はいちばんに重要な柱として考えたいと思っております。新型コロナウイルスの対策において、国境というものはまったく意味を成しません。

たとえば日本においてだけ流行を収束できたとしても、東京オリンピック・パラリンピックは、今まで思い描いてきたようにはできないことを私たちは悟りました。世界の免疫力を高めることができてこそ、初めて世界の人々が安心して、日本を訪れることができます。本来の、この東京オリンピック・パラリンピック２０２０年のレガシーは、世界のアスリートへの支援としたいと思っております。世界のアスリートが、いつ、いかなるときでも練習をすることができ、さらなる高みを目指して鍛錬ができるよう整えることが重要だと考えております。

それがアフターコロナ時代の国のあり方のお手本になるのではないかと。

我々は公衆衛生をもう一度、足元から見直し、トイレ、下水道、医療、介護、保健所のシステム、これらについて整備をして、さらに重要な部分については積極的に対応をしてまいりたいと思います。

かつて、結核の流行が収まってきたために保健所が、約1000ヵ所から約500ヵ所に減らされました。感染症対策を専門とする医師の尊厳が守られてきたとは、必ずしも言えない状態であります。公衆衛生も国の形の基本に置くべきであります。

〈世界津波の日 高校生サミット（2016年）〉において、高校生自身が考えた、「黒潮宣言」の最後は、このように締めくくられております。

「自然の恵みを享受し、ときに災害をもたらす自然の二面性を理解しながら、その脅威に臆することなく自然を愛し、自然とともに生きていきます」

高校生の彼らは語っております。自然と一体となって、ふるさとを愛し、ふるさとで生き続けていこう、生き延びていこう、という世界の若者の志は、立派なことだと思っております。この志を育んでいくことが、次の時代の政治に求められていると考えるものであります。

私は東日本大震災の津波によって家族全員が流されて、一人ぼっちで残された十数人の子どもの人生に対して、いささか関与してまいりました。幸い全員、伯父さん伯母さんのところに引き取ってもらって、学校にも通えるようになりました。しかし、育ち盛りの子どもがその家庭で、「もう1杯、おかわり」と茶碗を出せるかどうか。普通の家庭だったら、「もうお腹いっぱいだ」と言っている子どもに「もう1杯どうだ」と親が言うものです。そのことを思うと、私たちがしなければいけないことは、まだまだたくさんあるなと考えます。育ち盛りの子どもたちに必要なもう1杯のごはん、それだけではありません、部活動もしたい、学校の旅行にも参加したい、野球もやりたい。この費用を出してくれるよう里親に言えるのか。それが気がかりでなりません。

一人ひとりの人生の支援こそが、国土強靭化、地方創生の真理であるはずであります。実存に対する心のなかの堤防を築くことこそ、防災、減災、国土強靭化の本当の姿でなければなりません。この精神で私たちは給付型の奨学金制度を作りました。最初の年に全国の高校3年生5万人の人生を変えることができました。親に遠慮をすることなく高等教育を受けたいという、なかなか親には言い出せない本人の希望を叶《かな》えさせることができたのであります。このように、一人ひとりの人生がいちばん大事だという精神を、日本の政治の中心に据《す》えていかなくてはなりません。

私はこの道を、今後とも、微力ではありますが、懸命に邁進《まいしん》してまいりたいと考えております。

少しだけ政治の世界に長く身を置かせていただいた者として、私はやはり、今、振り返ってみて、最も大事なことは平和だと思います。平和という言葉の持つ意味が、改めて心に沁《し》みる思いであります。

絶対に二度と戦争を起こしてはならない。

私は今でも終戦の頃を思い起こします。戦争が終わった、終わったと言えば聞こえが良いわけではありますが、正直に言うと徹底的に負けたわけであります。

私は終戦のときに小学1年生でありました。特に何を考え、何を思うということは、まだまだできる年齢ではありませんでしたが、厳しい終戦の状況を今でも忘れることはできません。そして、絶対に戦争を起こしてはならない、平和が大事だということを子どもの頃から、本当に心の底から、そう思ってきました。

今後、世界はいろいろな意味で激動を重ねていくことになります。

米中の関係も、イギリスとEUとの関係も、中東も、波乱要因はたくさんあるかもしれない。世界がどう展開するのか、予測も予言もできないこの状況で、いろいろなことが起こると想定しなければなりません。そしてこの、私たちの平和の基軸だけは絶対に守り抜かなければならないのであります。それがアフターコロナの世界において、日本の政治の使命にほかならないと私は信じております。

世界には、感染症に翻弄《ほんろう》されながら、それを乗り越えてきた歴史があります。

感染症が次々と時代を転換させてきたように、今、我々は時代の転換点の真っただ中に、次の時代をどう作り上げていくか、厳しく問われている現況であります。

次の時代とは、それでは何か。本日ここにお集まりの皆さん、全員に問いかけられているのであります。そして政治に決断が求められているのであります。我々、政治に携わるものとして、これからはしっかりと内面を磨き、確固たる政治思想、政治哲学を持ち合わせていかなければなりません。

同時に、グローバリゼーションにより求められる、各国の国家間機能がより強化される。国内においても、よりたくさん拡大する。各国の行政権力がより強化されるということも予測されております。

民意を代表し、国権の最高機関として位置づけをいただいておる国会の重要性が、はるかに高まることを示しているのであります。真にお互いに連携をし、議論を交わし、そして皆の意見を深く考え合わせ、魂のこもった決断のできる平和な政治の実現が求められているのであります。
ともに我々がここに生きる間、我々がバトンを委《ゆだ》ねられている間、次の時代へバトンを渡すまで、しっかり頑張り続けようではありませんか。

政策集団　水月会　第5回セミナーより抜粋
（2020年9月17日：於ホテルニューオータニ）

第二章
自由民主党幹事長とは＝その職務と責任

二階俊博が自由民主党の幹事長に就任したのは2016年8月のこと。前任の幹事長であった谷垣禎一が、趣味の自転車で転倒し大怪我をしたために職務遂行が困難となり、それに代わって急遽就任したのだ。自由民主党の党則によれば、前出のように党の最高責任者である総裁が内閣総理大臣である場合は、総裁の代行として党務全般を掌握する最高責任者が幹事長なのだ。自民党の場合、党4役として幹事長、総務会長、政務調査会長、選挙対策委員長があるが、幹事長が事実上のナンバー2とされる。唯一、自民党の参議院議員団に関する党務については同党の参議院幹事長が担当することになっている。

幹事長の任期は1年間となっているが、再任の制限はない。つまり望まれれば何年続けても良いわけで、「余人をもって代え難い」となれば、今回の二階俊博のように長らくその座にとどまることも可能なのである。一方、幹事長が任期途中で辞職してしまった場合、そのあとを継ぐ後任者の任期は前任者の残任期間までとなっている。つまり1年未満なのだ。また、総裁が新たに選任された場合は在任期間にかかわらず、幹事長の任期は終了するとされている。第二次安倍内閣の終焉《しゅうえん》とともに、菅義偉新総裁が誕生し、二階俊博は自由民主党幹事長として再度選任された。まさに「余人をもって代え難い」という判断を菅新総裁が下したということだろう。そして二階俊博の幹事長在職日数記録は、この先、おそらく誰にも抜かれることのないものになるのではあるまいか。

自民党の幹事長はさまざまな職務に関与するが、最も大きな仕事は選挙にほかならない。選挙活動の総指揮官として、選挙に勝利することが求められるのである。「自民党公認候補」あるいは「自民党推薦」などという表現を選挙ポスターなどでよく見かけるが、候補者を公認したり推薦したりするのも幹事長の仕事である。幹事長は公認権とともに党財政も管理していることから、公認候補への党からの軍資金の配分もすべて握っていることになる。

1996年の衆議院議員総選挙において小選挙区制が導入されたことによって、政党から公認を受けない候補が立候補して当選することが、従来の中選挙区制に比べて格段に難しくなったと言われている。つまり幹事長の影響力は小選挙区制になったことからさらに大きくなっているのだ。

また幹事長は、人事局、経理局、情報調査局、国際局などの党の組織を掌握する立場にもある。さらに、党の総合調整機関である役員会に参加することになっている。幹事長を補佐する役職として幹事長代理と副幹事長が置かれているが、自由民主党が政権を失った野党時代の２０１１年に新たに幹事長代行というポストが新設されている。

幹事長の職務を端的に表現するには党則を見るのが手っ取り早い。自由民主党の場合は、

「総裁を補佐し、党務を執行する」

とある。前述の通り、総裁が内閣総理大臣となる与党自民党の場合には、少なくとも党内における立場としては党務を執行する最高責任者ということになろう。

これが公明党になると、

「代表を補佐し、党務を統括する」

となる。代表が国政に関与しないわけではないが、あくまでも内閣総理大臣では

ないことから、自由民主党の「党務を執行する」が「党務を統括する」となるのだ。

現状の野党側である立憲民主党になると、

「代表を補佐して党務執行全般を統括する」

となり、さらに国政からの距離が遠のく表現となる。いずれにしても幹事長というのは党首の職務執行を補佐し（国政により多忙な場合は肩代わりするとも言える）、かつ党務を掌握する立場なのである。もちろん、党務のなかには膨大な資金配分や、選挙の総指揮も含まれることになる。つまり幹事長というのはどこの政党であっても党内の「資金」と「人事」を掌握している立場なのだ。言い換えれば、「副総裁」「副代表」「副委員長」「副党首」など、その役職名からナンバー2を想起させる立場の役職よりもはるかに大きな権限があるのであり、真の意味でのナンバー2にほかならない。国政については、内閣がイニシアティブを取るが、党務においては、党内のすべての権限は幹事長が握っていると言っても過言ではないのだ。


ところで、二階俊博が幹事長に就任したときの年齢は77歳5ヵ月。歴代自由民主党幹事長のなかで最高齢就任記録である。逆に就任最年少記録は二階俊博の師匠でもある田中角栄で、47歳1ヵ月だ。ちなみに二階俊博は2019年8月3日時点で、連続在任記録で歴代最長となっており、通算在任記録でも2020年9月8日付で、田中角栄の1497日という記録を抜いて過去最長となったのである。

もちろん二階本人が言うように、在任期間が長ければ良いというものではないが、党務全般を掌握する最高責任者であることを考えれば、それなりの人望や人徳が党内におけるトップから末端にまでなければ、長きにわたって務まるものではないのは言うまでもない。

詳細は後にご紹介するが、本書では多くの自由民主党幹事長経験者から話を聞いているが、社交辞令を差し引いても、二階俊博という人物、そして政治家に対する評価はすこぶる高いものであった。

ところで、現在は不文律として「幹事長は総裁と同じ派閥からは出さない」ことになっているのをご存じだろうか。

そもそも自由民主党は結党当時（1955年）には、幹事長は総裁の所属する、あるいは率いる派閥の出身者など、総裁に近い人材が選出されるのが通例であった。

しかし、1974年に田中角栄内閣のもと、副総理であった椎名悦三郎が田中の金権問題によって退陣表明をした後、次期総裁として三木武夫を指名する際の条件として、幹事長は総裁とは異なった派閥から選出する（椎名裁定）としたことによって、「総幹分離」が打ち出されたのだ。三木武夫総裁は任期中、常に他派閥から幹事長を指名した。

もちろん、二階俊博も安倍晋三元総裁の〈清和政策研究会〉とは異なる〈志帥《しすい》会〉という派閥に属している。そして菅義偉は自民党結党以来、初の無派閥での首相選出となった。

さて、政党によっては、幹事長とは別に書記長という呼び名があるのはご存じのことと思う。外国語からの翻訳では、おおむね社会主義政党や革命志向政党においては書記長、保守政党においては幹事長と訳し分けることが多い。英語では幹事長は「Secretary General」、書記長は「Secretary in Chief」と表記されるが、日本では1980年代以前には革新政党や中道政党において、幹事長に相当する役職名として「書記長」（基本的に「中央執行委員会」付きとされる）を置き、これに対して自民党などの派生の保守系の政党は「幹事長」を置いていた。

1990年代になると、かつて「書記長」を置いていた党の直系にあたる後継政党（社会民主党・公明党など）が「書記長」の代わりに「幹事長」を置くようになり、現在では政党要件を満たす党のなかでは日本共産党のみが書記局長を置く以外は、幹事長または代表幹事を置くか、あるいは共同代表制などを取っている。

また、従来は与党第一党の幹事長は首相と同様、全員衆議院議員で占められていたが、2011年9月に、当時の与党である民主党の幹事長に参議院議員会長の輿石東が就任（兼任）した例がある。

第三章

対談　二階俊博×大中吉一（月刊公論・主幹）

――ついに在任日数で二階さんが師と仰ぐ田中角栄氏を追い越しました。素晴らしいことだと思いますが、ご苦労も多かったのではありませんか。

ただ単に在任日数が長ければ良いというものではありません。実績や功績を考えれば、私などは田中角栄先生の足元にも及びません。田中先生ははるか遠い存在の方だと思っています。まだまだ私自身も研鑽《けんさん》を重ねて、もっともっと精進していかなければなりませんね。

それと、何回も言いますが、私は自分の仕事について苦労を苦労と思ったことは一度もありません。たとえどんなに困難な仕事であっても、与えられた困難を楽しむくらいでなければいけません。それこそ、それを苦労だと思うようになったら、潔く引退する時期だと思っています。

――自民党幹事長として、自民党、そして日本のあるべき形をどうお考えですか。

特に今は中国との関係が取り沙汰《ざた》されていますが、アジアを含めての安全保障という面も大切であると思いますが。

世界中の国々が、日本と中国がうまくやっていけるかどうかに注目していると思います。しかし、中国と日本の関係の背景には、お互いが持つ長い歴史があることを忘れるわけにはいきません。そのことをお互いが尊重し合うことから始めなければならないのではないでしょうか。私は日本という国が中国とうまくやっていけないようでは、世界のリーダーにもなれないと考えています。

一部の方たちはさまざまなご意見もお持ちであり、反対をする方もいらっしゃいますが、国民の皆さんの多くは日中友好がうまくいくことを願っているのだと思っています。新型コロナウイルス感染症の影響で延期になってしまいましたが、習近平氏にもぜひ日本に来ていただき、お互いの理解を深めていく契機になればと考えております。

自民党としても、選挙などでそのことは国民の皆さんにしっかりと訴えて、しっかりとご理解をいただけるように、きちんとやっていかなければならないと考えております。

――地域とふるさとこそが日本の原点だというお考えだと思いますが、今後の地方創生における方向性は。

私の発案で、自民党の党本部の中庭でも地域の物産展をやりましたが、地域ごとにその魅力を発信しながら、地域ごとにお互いがある程度の競争意識を持ってしのぎを削るようなことも大切だと考えています。それぞれの地域のことは、そこに暮らしていらっしゃる皆さんが最も良くご存じなわけで、そうしたお一人お一人の国民の皆さんの声に耳を傾けながら、各地域の方たちがそれぞれ誇りを持って情報発信ができるように、自民党としても応援していきたいと考えています。そのためには我々自民党のメンバーが自ら足を運び、直接地域の皆さんと接する努力を重ねていくことが大切だと思っています。

――災害が巨大化し、被害が甚大化するなかでその対応が問われています。日本の国土における危機管理としての環境問題への取り組みはどうお考えですか。

近年、気候変動のせいで気象状況が大きく変わってきていることはご承知のとお

りです。災害自体も激甚化する傾向にあるのは事実です。こうした変化にどのように対応していくのか、私たち政治に携わる者は慎重に、丁寧に勉強していかないといけませんね。

災害対策というのは、人命を守るためのものであり、そうした非常事態のもとで予算がどうこうとは言っていられません。しっかりと心してやっていかなければならないテーマです。

災害に対する対応において、「Too late」というのは許されないことです。常に先んじて甚大化する被害に備えなければなりません。とかく災害というと事後の〝復旧〟という図式になってしまいますが、これからの災害に対する考え方は事前に予測・察知して防ぐという方向が大切だという考え方です。

それはどういうことかというと、実は各地域地域に暮らしていらっしゃる住民の方たちはすでにどこがいつ危ないかということをご存じのはずなのです。そして、どこにどのように手を入れてほしいという防災に対する方向性と願望をすでに持っていらっしゃいます。国土強靭化というテーマのなかにあっては、そうした住民の皆さんの言葉に耳を傾けていくことが大切だと考えております。

日本という国が正しく成り立っていくためには、そういった各地域の声に積極的に対応していかなければならないのです。

私はこの考え方は、これからの自民党の政策の柱にしていかなければならないと考えています。つまり、いかにして国民の皆さんの生命・財産を守るのかという視点がとても大切なのです。異常気象と言わずに毎年そうした災害が必ず来るものだという前提を持ち、対応を考えなければならないと思います。

――地球温暖化と災害対応についての展望をお聞かせください。

先般のモーリシャス沖における大型貨物船事故もそうなのですが、私たちは常から備えておくことが大切だと考えています。事前からきちんと準備をして、体制を整えておく心構えが大切なのです。

私はそれが政治にとって最も大切なことであると考えているのです。

そして日本が先頭になって対応することは世界からも求められていると思います。さまざまな事故や災害に対して日本が世界の先頭に立ち、持てる技術力を駆使して対応しなければいけませんね。

――二階さんは素晴らしい行動力の持ち主で、インドネシアや中国、ベトナムなど海外にも何回もお出かけになり、事あるごとに環境技術先進国「日本」をアピールしていますが、国連において「世界津波の日」の制定にも尽力されましたね。

まず前提として、世界には津波がない国が多数あり、津波そのものを知らない方、津波の被害をご存じない方たちが、まだまだたくさんいらっしゃいます。しかしこれは、日本だけがとやかく言ってどうなる話でもありませんからね。世界中の国々が一丸となって津波対策に取り組み、防災に努めなければならないと思っています。

ご承知のとおり、東日本大震災、スマトラ島沖地震など、津波は大きな被害と多くの人命を奪う災害です。つまり、津波というのは世界にとっても大切な問題であり、それは国連が主導しなければならないテーマだと私は考えたのです。

私は常々、さまざまな映像で罪のない人が一瞬にして津波に飲み込まれる状況を見て、政治に携わる以上、ただ眺めるだけでは済まないと痛感しています。そこで私自身が国連まで出向くことにして「世界津波の日」を制定することをご提案申し上げたのです。

私の郷里である和歌山県には、幕末の安政南海地震の際に、実業家だった浜口梧《ご》陵《りょう》という人が、津波が押し寄せてくる際に、自分の大切な財産である稲わらに火を放ち、住民を高台に避難させて大津波から多くの人命を救った「稲むらの火」という逸話が残っています。そこで国連加盟各国にお話を申し上げ、きちんとご理解をいただく努力を重ねた結果、その津波を起こすことになった大地震が発生した旧暦の「11月5日」が「世界津波の日」に定められたのです。

たとえばですが、津波の心配がまったくない地方の人が和歌山に就職することだってあり得るのです。ですから、日本国民全体が、あるいは世界中の人々が津波についての知識と理解を持たなければならないと考えています。

私は津波の恐ろしさと対処法を子どもたちに伝えることが何よりも大事だと思っています。津波を教える教師はどれだけ必要なのか。もし足りないならば補わなければなりません。防災教育の充実を推進していくためにも、津波に対する認識を世界に広げなければならないと考えたのです。

——それはひいては国土強靭化にも繋がるお話ですね。

そのとおりです。確かに想定を超えるような大きな津波が来て、甚大な被害を発生させることがあるかもしれません。それでも、きちんとそうした事態に備え、事前にさまざまな対策を行っていくことは大切だと考えています。

ただ、基本的なことですが、津波となったら一目散に高いところに逃げる以外に方法がないのも事実です。引き波と言って、いったん押し寄せた津波が海上の沖まで引いてしまうことがあります。そのときに魚を拾いに行くような方がいますが、たちまち、下手をすると第1波よりも大きな第2波が押し寄せてくるのです。とにかく、津波が来るとわかったら、ひたすら高いところに避難することを忘れないでいただきたいですね。

――国土強靭化といえば、いつぞやお話を伺った折に、たしか笹子トンネルの天井が落下する数週間前だったと思いますが、コンクリートの寿命はせいぜい50年にすぎない。そろそろ高速道路も含めて点検しなければ、とおっしゃっていました。

道路やトンネルだけでなく、特に1964年の東京オリンピックを目指して整備された多くのものがすべて、耐用年数を迎えつつあるということは意識しなければ

ならないと思います。笹子トンネルのみならず、幹線の高速道路も、首都高速道路も、さまざまなインフラも、そろそろしっかりと再点検しなければならない時期に来ていると考えています。

まずはきちんと点検を行い、さらにそれに基づいてきちんと対策を練り、計画的な補修を行い、未然に事故を防ぐような体制を整えていかなければならないということです。私たちは関係各方面や現場に足繁く通い、現場の声と実態を把握する努力を怠らず頑張らなければならないと思っています。

申し上げたとおり、この国土強靭化というのは、何かが起こってから復旧や復興に取り掛かるのではなく、何かが起こる前に危険や実態を把握し、対策を事前に打っておくということが大切だという考え方が基本なのです。そのためにも、各地域の皆さんや、さまざまな施設などにいらっしゃる皆さんの、示唆に富んだお話に耳を傾け、個々の地域や施設に対応した対策を講じることが不可欠なのです。

――そういえば、当初「国土強靭化」という文字が難しいという意見もあったとお聞きしましたが。

確かに当初は、「そもそも字が難しい、読み方も難しい」というご意見を多くの方からいただいたことも事実です。私は10回も会議をすれば、少なくとも党内の皆さんには覚えていただけるはずだと思っていました。ご承知のとおり、今では多くの方に「国土強靭化」という文字とそこに込められた思いはご理解いただけるようになっています。

私たちは、天災、人災、あらゆる災害に対応しなければならないわけですから、せっかく広がった「国土強靭化」という言葉と考え方を駆使して対応にあたっていきたいと考えています。

第四章

二階俊博、その生い立ち

二階俊博の生まれた町「御坊市」

二階俊博と親交のある人間は、「二階みかん」をよく知っている。挨拶回りを兼ねて二階の地元である和歌山県産のみかんの入った段ボール箱を抱えて、二階俊博本人が玄関先までやってくるのだ。今でこそ、「二階みかん」は宅配便で届くというが、かつては二階自身が小さめの段ボール箱に収まった和歌山県産のみかんを小脇に抱えて配っていたという。政界関係者のなかには、事務所のインターホンが鳴り、覗くと二階が段ボール箱を玄関先に置いていく姿を記憶している人も少なくない。挨拶回りと言ってしまえばそうなのだが、二階が人心掌握に長けているといわれるその極意というのは、「義理（G）と人情（N）とプレゼント（P）」といわれ、多くの関係者から〝二階のGNP〟と呼ばれているという。この二階の「段ボールみかん」は、政治家のみならず、マスコミ関係者、経済人、官僚など、誰に対しても変わることがなく、今でも親交ある人々のもとにやってくるという。筆者も幹事長室にお邪魔した際にごちそうになったが、甘くて優しい味わいのみかんだった。

二階俊博は1939年2月17日、そのみかんの里、和歌山県西部の御坊市《ごぼう》で生を受けた。

父親の俊太郎は御坊造船を経営する実業家であり、同時に和歌山県議会議員を務める政治家でもあった。また後には稲原村《いなはらむら》の村長も務める。母親の菊枝は当時の日本では珍しい存在だった女医であり、生家である古久保家は、和歌山県中部にある龍神《りゅうじん》温泉で知られる龍神村殿原《りゅうじんむらとのはら》で十代以上も続く医者の家系である。

御坊市は紀伊半島の西海岸、和歌山県の海岸線の南北ほぼ中央に位置し、市の北部には白馬《しらま》山脈が連なり、中央部には清流豊かな日高川《ひだかがわ》が流れる立地で、海・山・川の自然に恵まれた中核都市である。日高川は安珍《あんちん》・清姫《きよひめ》の伝説（舞台となったのは和歌山県日高川町にある天台宗の寺院、道成寺《どうじょうじ》）で知られ、江戸時代から人気の高い歌舞伎の演目である『京鹿子娘道成寺《きょうがのこむすめどうじょうじ》』の舞台として古くから日本人に親しまれている。

黒潮の影響で年間を通じて温暖な気候であり、冬でも霜が降りることはほとんどないことから、別名「花のまち」とも呼ばれるほど花卉《かき》栽培が盛んで、わけてもスターチスは全国屈指の出荷量を誇る。日高川の河口には浜朴《はまぼう》が群生し、初夏には例年干潟一面が黄色い花で覆われる。さらにその温暖な気候から、夏にはメロン、秋にはみかん、冬から春にかけてはイチゴなど、多くの果物を産する都市でもある。

御坊市という名称の由来は諸説あるが、最も有名なのは、およそ400年前に今の御坊市内に建立された浄土真宗本願寺（現西本願寺）の日高御坊《ひだかごぼう》（現本願寺日高別院）のことを、地元の人々が「御坊様」と呼び親しんだことに由来するというのが有力な説である。そもそも本願寺のことを御坊さんと言うが、その呼称がそのまま市の名称になった御坊市は、それだけ見ても歴史の古い街であることがわかる。その御坊市の象徴とも言うべき本願寺日高別院は、旧市街のなかにひっそりと佇む古《こ》刹《さつ》である。ちなみに戦国時代、現在の和歌山市とその周辺の地域で覇権を広げていたのは鉄砲傭兵として知られた地侍集団である雑賀衆《さいかしゅう》であった。この雑賀衆の多くが浄土真宗本願寺派の信者であったことから、雑賀孫一《さいかまごいち》が指揮する城があった和歌山市南部にある秋葉山《あきばさん》には、和歌山における浄土真宗の拠点となる寺院が置かれていたという。こうしたことから、秋葉山もまた「御坊山」との別名を持っている。

同時代に紀伊亀山城《きいかめやまじょう》の城主であった湯川直光《ゆかわなおみつ》が大阪での戦いに敗れ、かろうじて本願寺勢力の助けを得て無事に亀山城に帰還できたことを感謝し、現在の美浜町《みはまちょう》吉原《よしはら》に小規模な寺院（吉原坊舎《ぼうしゃ》）を建立した。この寺院そのものは豊臣秀吉による紀州征伐（1585年）で焼失してしまったが、すぐに仮の寺院（薗坊舎《そのぼうしゃ》）が再建された。この薗坊舎がさらに文禄4年（1595年）に移転され、新たに建築された寺院が日高坊舎、通称「日高御坊」なのである。最初に日高御坊が建築された当時は、周囲に建物などはほとんどなく、平野に忽然と建つ「御坊」は遠くからも良く見える地域の「ランドマーク」であったと伝えられている。

その後「御坊」の周辺にいわゆる門前町として商店や民家が建ち並ぶようになり、日高御坊を中心とした町並みが発展したために、いつの間にかこの地域のことを「御坊」と呼ぶようになったと言われている。日高御坊はまさに御坊市という名称にゆかりのある場所であったのだ。

御坊市の旧市街エリアにあたるこの「寺内町《じないまち》」には現在もその面影が残っている。そこには熊野三山《くまのさんざん》へ続く参詣道である「熊野古道　紀伊路」があり、その道沿いには江戸時代から近代にかけての町並みが随所に残されている。

少年時代

二階俊博が第2次世界大戦の終戦を迎えたのは6歳のとき。戦争が終わると俊博少年は、疎開先である大滝川《おおたきがわ》という集落から御坊市内に戻ってきた。

なぜ大滝川かといえば、父親の俊太郎が和歌山県議会議員であったことから、当時まだ電気の通っていなかったこの集落に電灯を配備することに貢献したからである。俊太郎は大滝川にとって大恩人となった経緯から、空襲が激しくなった御坊市内を避け、まず稲原村に疎開していた俊博を、さらに山奥にある大滝川へ疎開させたのであった。

当時このような経緯を辿って山奥や僻地の海岸沿いに疎開した子どもたちは少なくない。それでも父親の功績によって疎開できた俊博少年は、当時としては恵まれた環境で暮らすことができたという。１９４５年8月15日の玉音放送を経て、終戦を迎えた俊博少年は疎開先から御坊市内に戻った。疎開先で通っていた小学校から、御坊市内にある御坊小学校に転校する。幸いなことに、父親の経営する御坊造船は、敗戦国が戦勝国に対して賠償品の一つとして戦時中の軍艦をソビエト連邦（現ロシア）に引き渡す際の修理・整備を請け負っており、それなりに忙しい日々を送っていた。ソビエト連邦では第２次世界大戦中にことごとく造船施設が壊滅しており、御坊造船は多忙を極めていたのである。

そんな折、父、俊太郎のところにとんでもない便りが舞い込んできたのだ。当時日本を占領していた連合国総司令部（ＧＨＱ）から届いたのは、俊太郎を公職から追放するという知らせであった。

公職追放とは、ポツダム宣言の履行に伴う「好ましくない人物の公職よりの除去覚書」に基づき日本民主化政策の一環として行われた措置であり、追放理由はA項からG項まで7項にわたり、追放された者は日本全国で21万人に上った。

戦時中、県議会議員であった俊太郎は、俊博の疎開先でもあった稲原村の村長も務めていた。戦時中、軍部の方針として全国の村長など自治体の首長は自動的に太平洋戦争下での軍部の方針を支えた公事結社である「大政翼賛会」の支部長になっていた。ＧＨＱはそこを問題視し、俊太郎を公職から追放としたのである。

通知を受けた俊太郎は仕方なく和歌山県議会議員と稲原村村長、双方の職を辞することになった。折悪しく家業の造船業も業績が悪化し、それまでとは大違いのやるせない日々を送ることになったのである。

こうして公職追放解除を待ち望む日々を過ごす俊太郎であったが、国政に関与する代議士ならいざ知らず、地方の、それも村長クラスでは、事前にGHQから公職追放解除の連絡が入るはずもなく、俊太郎は毎朝の朝刊に掲載される公職追放解除者の名簿に自分の名が載るのを心待ちにする毎日を送ることになるのだ。

御坊中学校に進学した俊博は、基本的に大人しく、決して目立つようなタイプの子どもではなかったというが、あるとき、外郭団体の主催する弁論大会のメンバーに選ばれた。俊博は、差別問題を主題とする島崎藤村の社会小説「破戒」を引用しながら、人権問題について演説したことがある。当時を知る人によれば、政治家であった父親譲りの、メリハリの効いた名演説であったという。

一方、母親の菊枝は夫の俊太郎が公職追放の憂き目に遭っていることから、周囲から夫の代わりに県議会議員への出馬を幾度も勧められたという。それでも菊枝は固辞し続け、御坊市内で開業医として内科医を続けた。

菊枝は医師であった父親、古久保良輔の娘であり、家業であった医者のあとを継ぐために、東京女子医学専門学校（現・東京女子医科大学）を卒業後、御坊市新町《しんまち》で医院を開業していた。女医で、勤務医ではなく開業医というのは当時珍しく、特に女性を中心に多くの患者が菊枝の病院に集まってきていた。

そのため、菊枝は夫と同様に忙しい日々を送っていた。あるときは深夜遅く、熱を出した子どもの往診を依頼される。直接病院の玄関先に来たものをむげに追い返すわけにもいかず、菊枝は暗い夜道を、遠路はるばる往診鞄を抱えて、自転車の荷台やら、リヤカーやら、人力車のようなものに乗せられ往診に向かったという。自動車など身近にない時代のことである。下手をすれば徒歩で遠い道のりを往診に向かうこともあった。それでも、困っている患者がいれば、菊枝は嫌な顔一つ見せずに患者のところに駆けつけたという。

二階俊太郎と菊枝という両親のもと、俊博は、ある意味で当時としては珍しい、両親が揃って多忙な家庭に育ったのである。

戦後、ＧＨＱ／ＳＣＡＰ（連合国軍最高司令官総司令部）の勧告を受けて、旧保健所法（昭和12年4月5日法律42号）が１９４７年9月5日に全面改正され、翌１９４８年1月から新しい保健所法（１９９４年に地域保健法に改正）が施行された。これにより、

我が国の地方都市でも保健所の機能強化が図られることになる。すなわち、

①保健所の業務として従来の疾病予防、保健指導業務だけでなく、上下水道、医療社会事業、住宅衛生、清掃事業などに関する指導事業のほか、医事、薬事、食品衛生、環境衛生の業務も含めること。

②指導相談ばかりでなく、都道府県における公衆衛生行政の第一線機関として、知事の権限の委任を受けて事務を実施する行政機関とした。

③保健所の試験、検査の設備を外部の医師、歯科医師等が自由に利用できるようにし、地域の開業医の医療水準の向上と地域と保健所の連携ができるようにした。

④性病、結核、歯科医師に限って予防的治療を行うこと。

保健所の機能強化を受けて、俊博の母親である菊枝は、1953年に御坊保健所医となり、さらに5年後には湯浅保健所医となった。以後83歳で退職するまで、地元の地域医療に貢献し続けたという。

父親である俊太郎の政治家としての経歴と人脈、母親である菊枝の開業医として、保健所医としての人望の厚さは、後に俊博が政治家として世に出るときに、精神的にも大きな後ろ盾になったことは間違いない。

しかし、家庭における菊枝は、決して強い主張をするわけでもなく、慎ましやかな姿であったが、家族を支える大きな存在であったという。

俊博は、母親にこんなふうに言われたことを今でも覚えている。

「一生懸命に頑張れば、そのことはそれなりに世間が認めてくれるものです。そしてそれに見合う生活が自然に与えられるのです。努力をすれば、必ず結果が出る。勉強して、頑張りなさい」

この言葉は、戦後新たな時代が始まったとき、多感な少年時代を過ごした俊博にとって大きな支えになったという。それまでは軍国主義一色で、すべからく「お国のため」でがんじがらめになっていたものが、いきなり自分の将来は自分で決めることになったのだから、多くの子どもたち、若者たちは少なからず戸惑いを覚えていたのだ。

御坊小学校を卒業した俊博は、御坊中学校を経て、和歌山県内屈指の進学校である県立日高高等学校に進学する。弁論大会では父親譲りの弁舌で知られ、所属していた新聞部でも、政治家になる前には新聞記者だったこともある父親の影響で大活躍をする。そして俊博が2年生のときに、日高高等学校の野球部が春の選抜高校野球大会において甲子園出場を決めたのだ。進学校であった日高高校始まって以来の快挙であった。新任の長谷川治監督の新しい指導方針は、それまで当たり前だったスパルタ方式の、殴ったりしごいたりというものではなく、上級生が下級生に威張り散らすようなこともなく、野球部員たちはのびのびと野球を楽しんでいる雰囲気だったという。

それでも甲子園出場が決まると練習自体も熱を帯び、それとともに日高高校野球部の応援活動も活発になっていった。学校だけでなく地域全体が盛り上がっていったのだ。ところが、残念なことに日高高校には応援団がなかった。そこで急遽応援団が結成されるのだが、俊博はその応援団創設に持ち前の才能を遺憾なく発揮した。とにかく何もないところから作るのだから、応援団員の募集から、応援方法まで、すべてゼロからの出発である。応援歌は校内の公募により作成された。歌詞は3年生の生徒が書いたものが採用され、曲は音楽教諭が担当することになった。俊博は、つてを頼りに大学の応援団を探し、京都龍谷大学の応援団長が日高高校のOBであることに行き着いた。俊博はその人物に連絡を取り、交渉の結果、日高高校のOBである空手部主将以下4~5人が日高高校に指導に来てくれることになった。そこで問題になったのが、教えられる側の日高高校応援団の陣容である。何よりも応援団長がいないのだ。そうなればこれは言い出しっぺである俊博に白羽の矢が立つのは自明の理である。こうして俊博は日高高等学校の初代応援団長に就任することとなった。

近所の浜で喉から血が出るほどの大声で練習し、さまざまな応援方法を習得していったが、さて校歌を歌う段になって、なんと日高高校にはブラスバンド部というものがないことが発覚する。すると俊博は機転を利かせ、自分の母校である御坊中学校の担任に頼み込み、そこのブラスバンドを借り出すことに成功する。さらに応援に花を添えようと、今でいうチアリーダーにあたる女性応援部員までも結成した。

もちろんさまざまな調整や折衝、資金集めにも奔走した。このために応援団長の俊博は、修学旅行には参加できなかったという。

結果は、野球部は何とか1回戦を突破し、甲子園に日高高等学校の校歌が流れたが、2回戦で東京の日大三高に惜敗した。しかし、俊博が結成した応援団は、当時としては珍しいチアリーダーの存在のせいもあって大いに注目を集めたという。

そして3年生になったとき、学校で生徒会長選挙が行われることになった。前年に応援団を結成して大活躍をした俊博は、応援団と野球部から熱烈な推薦を受けて生徒会長に立候補することとなったのだ。結果は言うまでもなく、対立候補に大差をつけ、生徒会長に就任する。これが二階俊博の人生初の選挙であり、その後大学を卒業してから和歌山県議会議員に立候補し、さらに衆議院議員選挙でも、すべての選挙に当選している。

時あたかも全学連と呼ばれた学生運動が盛んな時期で、その影響で高等学校にも学生運動が飛び火した時代であり、生徒会長に就任した俊博のところに和歌山県下生徒会長名義で「授業料値上げ反対」の趣旨で活動に足並みを揃えることを促す通知が届いた。しかし俊博にはそれに同調する意思はなかったという。

「学業をより良くするために環境を改善するというならいざ知らず、授業料の値上げ反対を唱えて署名活動をし、それを携えて県知事に談判に行くなどということは、生徒会本来のあるべき活動ではありませんからね」

その俊博が授業料値上げ運動の代わりに奔走したのが、なんと校内の環境整備である緑化運動だった。校長に直談判し、授業料値上げ反対運動に同調しない代償として、その緑化運動への許可を取り付けたのだ。

学校の予算を一切使うことなく、全校生徒の協力のもと校内に花壇を作り、野草を集めて植えたのだ。生徒の父親が所有するダンプカーで山から土を運び、生徒たちはその土を使って花壇を作っていった。こうしてほとんど生徒会の予算を使うことなくでき上がった花壇だったが、世の中にはいろいろな見方をする人がいるもので、「生徒会は予算をスポーツにばかり使い、緑化運動にはまったく使わないのは不公平だ」と校内新聞に書き立てる者が現れたのだ。さらにそのことが地元の紀州新聞に記事として掲載されるという動きまで出始めた。

俊博は当時御坊市の大物だった紀州新聞の社長に直談判に出かける。

「生徒会のことを新聞に書くのは筋違いであり、もしどうしても書くなら当方にも考えがあります」

「どんな考えだ」

「新聞の不買運動をやります」

このやり取りの後、紀州新聞の生徒会に対する批判的な記事の掲載は取りやめになったという。

この紀州新聞の当時の社長が、のちに中央大学の法学部に進学した二階俊博のところに、定期的に紀州新聞を送り続けたことは有名な話である。

両親

和歌山県の県会議員であった二階俊博の父親、俊太郎は、そもそもは、東洋汽船という船会社の太平洋航路船乗務員をしていた。その後、筏《いかだ》流し、養蚕業、母校の安居《あご》小学校の代用教員、紀伊民報社の記者、活版印刷業などさまざまな仕事を経験している。1938年3月に39歳で県会議員に初当選したのは、俊博が生まれる前年のことであった。政治に関して特別な背景があったわけではない。ただ苦労人であり、人望も厚く、温厚で誠実な人柄は多くの人々に愛されたという。その俊太郎の人柄を頼って、かねてから争いが絶えなかったという日高郡稲原村村長に、1940年に請われて就任することになった。さらに1943年には、広瀬永造和歌山県知事の推薦で、新設された御坊造船の社長に就任している。

俊太郎は県会議員、稲原村村長、御坊造船社長の三役を同時にこなす多忙な毎日を送っていたのだ。

県議会においては、人生を賭した事業と自負する、日高川三井堰《ぜき》（若野、野口、六郷）の統合施設を完成させ、日高平野農政史に大きな業績を残している。

御坊造船では、社長として太平洋戦争中の海上輸送力増強を推進するべく事業拡大を図り、最盛期には６００人を超える従業員を擁する大企業に成長させた。

こうした八面六臂《はちめんろっぴ》の活躍を続ける俊太郎だったが、そのせいで俊博はほとんど父親と遊んだ経験がなかった。あるときなどは家族で温泉旅行に行くのかと思いきや、その実は御坊造船の社員旅行だったということもあった。たまに家に父親がいたとしても、県議会だけでなく、御坊造船からも引きも切らず人が訪ねてきて、ほとんど家族団欒《だんらん》という時間はなかったという。

さらに俊太郎は、１９４６年4月に、戦後初めて行われた衆議院議員選挙に立候補することになる。それまでの県会議員、稲原村村長、御坊造船社長という経歴から、周囲に推されての出馬であった。しかし、和歌山の選挙区は全県区であり、定員６人に対してその8倍の48人が立候補するという状況であった。俊太郎の得票数は16位となり落選した。

その後、県会議員となるも、先述のとおり、戦後ＧＨＱ（連合国総司令部）から、公職追放を受けることになる。皮肉なことに、俊太郎はそれまでの多忙な毎日から解放され、家にいるようになったのである。

ところが逆に母親の菊枝の方は開業医から保健所医になり、毎日多忙極まりない日々を送っていた。

保健師は戦後、公的保健サービス提供に重要な役割を果たしてきた。その黎明期に保健所に関与した菊枝は、大きな時代の流れのなかで、和歌山というエリアにおける重要な役割を担っていた。

戦後の復興時にＧＨＱにより保健師の役割が重視されたことを受けて、日本における保健所の役割は大きく変わろうとしていた。保健師そのものは１９３０年代にはすでに存在していたが、その役割は限定的なもので、実際には１９４０年代終盤まで、その役割は明確には定義されていなかった。

ところが戦後、前出のＧＨＱによって地域における公衆衛生行政が民主化されるなかで保健師の役割は強化され、１９４７年に新しい保健所法が制定されると、その役割は飛躍的に拡大することとなった。１９４９年、保健師業務指導指針が打ち出されると、保健所は地域の保健行政サービスの中心的存在として位置づけられたのである。

菊枝も保健所の一員として地域の公衆衛生事業に深く関与することになった。保健師の職務は、地域保健活動から、医療実務者の補佐、寄生虫防除、母子健康診断、家族計画、保健教育まで多岐にわたった。これは１９９７年に保健所の数多くの業務が市町村保健センターに移管され、医師のいない地域においては公衆衛生事業は主に保健師が管理するようになるまで続くのである。

日本人の健康は、戦後著しく向上した。１９４７年時点で、男性の平均寿命は50歳、女性は54歳だったものが、２０１２年には、男性が79・９歳、女性が86・４歳まで伸び、世界でも最長寿国の一つとなっている。

こうした日本人の健康向上の大きな伸びには、菊枝のような存在が不可欠であったのだ。

皮肉なことに、ＧＨＱのせいで公職を追われ有閑の身となった父・俊太郎と、ＧＨＱによる保健所重視の方針のせいで多忙を極め、大きく社会に貢献することとなった母・菊枝。俊博の両親は、どちらも戦後の動乱期を、ＧＨＱのせいで別々の形で過ごすことになったのである。

そして、その両親の足跡が、後の政治家二階俊博の礎《いしずえ》となったことは間違いない。

上京

1957年に和歌山県立日高高等学校を卒業した俊博は、現役で中央大学法学部政治学科に合格し、故郷の御坊市を後にいよいよ東京へと向かった。その時点では、父親の後を追って政治家になることなど微塵も心にはなく、ひたすらノンポリを自認する学生であった。

大学のキャンパスは神田駿河台にあった。時あたかも学生運動が激化する時期であり、安保闘争のさなかに、1960年6月15日、国会議事堂前のデモ隊と警察隊による衝突で、当時東京大学の学生だった樺美智子が命を落とした事件のあった時代である。俊博は、そうした騒がしい周囲にはあまり干渉せずに、ゆったりと自適な学生生活を送っていたという。

それでも、中央大学に講師として招かれ、大衆文化を講義していた社会学の樺俊雄教授は、国会議事堂前で亡くなった樺美智子の父親であり、残酷な娘の死という悲しみを乗り越え、その後も淡々と講義を続けていた。その講義を受けていた俊博は、どのように慰めの声をかけていいのかわからなかったという。

学生時代に俊博が記憶に残る恩師として、この樺教授とともに名前を挙げるのは、川原吉次郎教授である。俊博が在学中の1959年に急逝してしまうが、その川原教授が語った、

「満員電車の状況を体験したものでなければ、本当の政治は語れない」

という言葉は、今も心に残っているという。

もう一人、西洋政治史の小松春男教授の人情味、人間味溢れる名調子の講義も強く印象に残っているという。

そうした環境で大学時代の4年間を過ごした俊博が卒業する頃、全学連などの学生運動は激化の極みにあり、日本はちょうど安保改定の影響で新卒の大学生にとっては甚だしい就職氷河期の時代であった。就職しようにも行き場のない学生が溢れていたのである。俊博もご多分に漏れず就職活動は難航していた。

「このますぐに就職しないで、この際、1年遊んでやろう。この年齢なら1年くらいの遅れはどうにでもなる。しかしそうなると何をしようか……」

などと考えていた。

代議士秘書になる

そんな状況下の中央大学法学部政治学科4年生の二階俊博は、たまたま文京区公会堂で開かれた自民党の大演説会に足を踏み入れた。戦後の焼け跡から立ち上がった日本の復興期、こうした政治家の演説会は常に熱気を帯び人を集めていたのだ。会場では、江崎真澄、中曽根康弘、安井謙、中村梅吉といった当時の錚々《そうそう》たる政治家たちが、何千人という規模の聴衆を前に熱弁をふるっていた。聴いているのが支持者とはいえ、聴衆たちは、その演説に魅了され引き込まれている。特に当時40代半ばの江崎真澄と40代前半の中曽根康弘の話術は卓越しており、わずか20分ほどの持ち時間の間に、まさに快刀乱麻を断つ、安保闘争に明け暮れる当時の世相を切れ味鋭く切っていったという。

人々の心を惹きつける江崎真澄の演説に興味を持った俊博は、すぐに神田に赴き、古書店でさまざまな書物を繙《ひもと》き、江崎のことを調べてみた。たまたま見た雑誌には、江崎が近く小沢佐重喜《さえき》らと、岸内閣の外務大臣だった藤山愛一郎を領袖《りょうしゅう》に〈藤山派〉を旗揚げする見込みとあった。

就職浪人を覚悟していた俊博は、どうせ就職できず1年間を浪費するつもりなら、その代議士・江崎真澄の秘書をやってみようかと思い立った。そもそも政治家になるつもりなどは毛頭なかったが、行き場のない大学4年生にとっては、政界の内側を特等席から垣間見るのも一興と思えたのだ。

俊博は郷里の父親に連絡を取り、この江崎のところに紹介してもらえないか打診をしてみた。父・俊太郎はGHQによる公職追放の措置をようやく解かれ、県議会議員に復帰していた。実は戦時中に農林省から和歌山県の経済部長として出向してきた遠藤三郎という人物がおり、父親とは面識があったのである。その遠藤が代議士になっており、俊博が大学を卒業する時点でも父親と親交があったことを思い出したからであった。遠藤三郎は一高・東大出身の秀才だったが、農林省の若手官僚だった時代に当時としては異例な人事のせいで経済部長として和歌山県に来ることになったのだった。思い返せば、二階家の夕食の席で遠藤三郎の名前を聞いたことは一度や二度ではなく、俊博にとっても馴染みのある名前だった。

父親は当初、息子が代議士の秘書をやることには反対だったという。政治に関わるものの苦労を人一倍経験してきた俊太郎にとってみれば、俊博にその苦労を繰り返させたくはなかったのだろう。しかし世間は就職難でもあり、無為無策に1年間を空費するよりも、実のある経験ができるのも事実である。俊博はようやく俊太郎を説得し、遠藤三郎を紹介してもらえることになったのだ。

遠藤の事務所を訪れた俊博は、江崎真澄の秘書になりたい旨を伝えた。俊博はあくまでも1年間、政治家の秘書をやり、その後は普通の学生のようにどこかの企業に就職するつもりだったという。

遠藤三郎は快く俊博の話を聞き、江崎真澄に打診してみることを約束してくれた。ほどなく、遠藤から連絡が入った。

それによると、江崎真澄は直前に地元の後援会から話のあった秘書志望の若者の話を断ったばかりであり、その紹介者が後援会の有力者であることから、残念ながらその時点で俊博を秘書として雇うわけにはいかないという。肩を落とす俊博に遠藤が提案したのは、その頃飛ぶ鳥を落とす勢いであった大物政治家、藤山愛一郎の事務所の秘書にならないかという話だった。

藤山愛一郎は、当時話題の政治家であり、まさに総理大臣への道が確実視され、世に名の知れた存在であった。

ほんの腰掛けのつもりで思いついた代議士秘書志望がだんだん大きくなり、一瞬逡巡した俊博だったが、この遠藤の提案を受けることにした。ところが遠藤三郎は郷里から俊太郎を呼び出し、二階俊博、そして紹介者の遠藤三郎の3人できちんと挨拶をしようということになったのだ。そして3人で当時赤坂にあったホテル・ニュージャパン内の藤山愛一郎の個人事務所を訪ねた。政界入りする前の藤山愛一郎といえば、大日本製糖、日東化学、蔵王鉱業、日東製紙の4社を中心に十数社を擁する藤山コンツェルンの総帥であり、44歳の若さで日本商工会議所会頭の椅子に座り、間違いなく財界トップの座にあった人物だ。事務所を初めて訪れたまだ若かりし俊博青年は、そのオーラと上品な佇まいに圧倒されたという。

ほどなく遠藤から連絡が入り、藤山から秘書になる話を承認する旨の返事が来たことを知らされた。そのとき、遠藤三郎は俊博にこう言ったという。

「藤山愛一郎は、有力な総理大臣候補であり、彼の事務所には大日本製糖をはじめとする会社関係の役員や外務省の参事官、さらには新聞社の政治部キャップなどの経歴を持つ錚々たるメンバーが秘書として仕えている。今から秘書になると、君はさらにその下のポジションになってしまう。それで良いのかね。秘書になればなったで、たしかに、『藤山の秘書』と名乗ることができるのは、格好が良い。しかしそれだけでは政治の勉強にはならない。もし本当に政治を勉強したいのなら、ぼくのところに来ないか」

実は俊博は遠藤三郎に、就職難で1年だけの腰掛けのつもりであることは話していなかった。だから遠藤は、俊博が父親の後を継いで政治家を志して代議士秘書になりたいのだと思い込んでいたのである。そこまで真摯に俊博の願いを受け止めてくれていた遠藤に、今さらそんな話ができるような状況ではない。まして遠藤の秘書になるなど思ってもみなかったなどと言えるはずもない。こうなったら遠藤三郎の秘書になる以外に選択肢はなかったのである。とりあえず一旦は遠藤三郎の秘書になり、そのあと上手く切り抜けてどこか就職先を探そうと決めた。

こうして、俊博は1961年春、中央大学法学部政治学科を卒業後、遠藤三郎の秘書として社会人の第一歩を踏み出したのだ。

当初ほんの半年か1年間の腰掛けのつもりで遠藤の秘書になったのだが、遠藤のほうは俊博が父親の俊太郎の後を継いで政治家を目指すものと思い込んでいたために、さまざまな便宜を図るとともに政治家としての修業の機会を与えてくれた。

その時点で遠藤の事務所には10人ほどの先輩秘書がいたが、俊太郎との関係もあって遠藤からは可愛がられ、幸せなスタートを切ることができたと俊博は回想する。

遠藤代議士は新入りの俊博を秘書のなかで唯一、毎晩のように夜の宴会に伴わせたという。それはもちろん酒の飲み方を教えるためなどではなく、俊博に政界の勉強と経験をより多くさせるためだったのだろう。若き俊博にとっては、いかにそれが勉強の場とはいっても、宴会の場で政治家や新聞記者などを相手に互角に話ができようはずもなく、ただ仏頂面をして座っているだけというわけにもいかず、酒でも飲んでいるしかなかったと笑う。しかしながら、遠藤三郎の秘書として社会人となったことは、将来の政治家・二階俊博にとって極めて幸運なことであった。

遠藤三郎との別れ

遠藤三郎代議士の秘書になっておよそ1年が過ぎた1962年の春、思いもよらぬ事態が発生した。遠藤が国会で体調を崩し倒れたのである。診断によると脳内に出血があるということで、そのまま即座に入院してしまった。

そもそも半年くらいと決めていた遠藤の秘書を1年に延ばし、政治の勉強を本格的に始めた矢先の出来事であった。だが、幸いなことに、遠藤はほどなく意識を回復し、長野県にリハビリに出かけることになった。俊博はそれについていくことになった。俊博は事務所のスタッフ数人とともに遠藤に付き添い、回復のためのリハビリを手伝った。

遠藤の、懸命にリハビリに励み、政界への復帰を目指す姿に俊博は執念すら感じた。

その甲斐あって、遠藤は多少の手足の不自由は残ったものの、5ヵ月ほどで政界への復帰を果たす。俊博は、その遠藤の凄まじいばかりの気迫と政界復帰への思いを目の当たりにし、遠藤の政治生命ある限りそばにいて仕えようと決心したという。

遠藤は倒れてから後も、なんと3回の総選挙を勝ち抜き、およそ10年間政治活動を続けた。俊博も「工業整備特別地域整備促進法」、「自転車専用道路の整備等に関する法律」など、遠藤が提案し成立にこぎ着けたいくつもの法案に関与したという。

こうして俊博は、遠藤三郎にとってかけがえのない存在となっていったのである。

そして1971年の暮れ、遠藤の所属する〈藤山派〉の会合が開かれた。党政調会長、通産大臣、蔵相を歴任した水田三喜男が、〈村上派〉と〈藤山派〉を吸収して〈水田派〉を結成することになっていたのである。遠藤自身は、この件についてあまり積極的な姿勢ではなかったのだが、最終的には参加を了承していた。

その会合は、昼間はホテルにおいて会議が行われ、夜はこうした会合の慣例通りに宴会となった。しかし遠藤は、その日は早々に帰宅することになった。そもそも積極的ではなかった〈水田派〉の立ち上げでもあり、さらに遠藤自身の体調もあまり芳しくなかったからである。

そのような状況のなか、俊博のところに遠藤から電話がかかってきた。

「今夜、〈水田派〉の結成会がある。ぼくは体の具合が思わしくないので、君が代わりに出てくれないか」

俊博は、困惑した。代議士たちが集まって新たな派閥を立ち上げる日の宴会に、たとえ右腕となっていたとしても、代議士秘書である自分が出席すること自体が理解できないことだったのだ。

そしてこの電話が、11年間秘書として仕えた遠藤三郎と二階俊博との最後の会話となってしまった。遠藤はその夜、急な発作に見舞われ、帰らぬ人となったのだ。年が明けて1972年1月、遠藤の地元である静岡県の沼津市公会堂において、遠藤三郎の葬儀が執り行われた。葬儀委員長は藤山愛一郎、友人代表の挨拶は江崎真澄が行った。

葬儀が済んで数日後、俊博は遠藤三郎の兄である遠藤佐市郎のところに挨拶に行くことになった。白内障でほとんど視力がなくなっていた佐市郎は、右腕として秘書を長年務めてくれた労をねぎらいながら、遠藤の後継者として総選挙に出馬しないかと打診した。俊博が跡を継いでくれるのがいちばん良いと思っているという申し出だった。

しかし、俊博はせっかくのこの申し出を即座に断った。

「1967年の和歌山県議会選挙で落選してしまった父親・俊太郎の後を継いで、和歌山県議会議員選挙に立候補しようと思っています」

和歌山県議会議員になる

こうして1974年、翌年に和歌山県議会議員選挙を控えた春に、俊博は妻・怜子を伴って郷里の和歌山県御坊市に戻ることになった。県議会議員選挙に向けて、本腰を入れて取り組む覚悟だった（妻・怜子氏のことは後述する）。

実はその前に一度、立候補の話があったのだが、そのときは思わぬ事態が発生したのだ。そもそも政治家になどならないという約束で結婚したのに、いきなり立候補の話が出て、精神的にショックを受けたせいで、最愛の妻の声が出なくなってしまったのだ。さまざまな要因が重なり県議会選に出馬することになった、その急転直下の展開に、怜子夫人がついていけなかったのと、あまりの緊張のために生真面目な怜子夫人は声が出なくなったというのだ。

俊博は、後援会の中心的な存在となってくれていた、日高高校時代をともに過ごし、苦労をともにした野球部や応援団の仲間、さらに小学校や中学校の同級生、そして父・俊太郎の古くからの熱心な支持者たちに対して丁重に説明をし、県議会議員選への出馬を1回延期することにしたのである。

そして迎えた1975年の和歌山県議会議員選挙。俊博の前に立ちはだかったのは百戦錬磨の超ベテラン現職議員だった。選挙区の定員は1名、まさに一騎打ちの様相であった。

俊博の応援に自民党からは、新進気鋭の若き日の小沢一郎衆議院議員、故遠藤三郎の地元静岡からは山本敬三郎静岡県知事、原精一前沼津市長、さらに鹿児島県選出の後の建設大臣中馬辰猪《ちゅうまんたつい》衆議院議員、日本道路公団副総裁を務めることになる佐藤寛政らが応援に駆けつけた。

投票率は91・6％、俊博は対立候補とわずか110票差で当選を決めた。まさに薄氷を踏む思いの当選だったが、とにかく初陣を飾ることになったのだ。この選挙戦は和歌山県政においても歴史に残る大激戦だった。

こうして和歌山県議会議員となった二階俊博は、初の議会において日高川上流の椿山《つばやま》多目的ダム建設問題についての質問に立つことになった。初質問に立つにあたって、事前にしっかりと議事録を参照し、事の経緯を詳細に理解しておこうと考えた。そして調べていくうちにわかったのは、その議事録の筆頭に、父・俊太郎の質問が記されているということだった。

なんとこの件について最初に質問をしたのはほかならぬ父親であったのだ。

俊博は椿山ダムの問題について自分なりの考えを取りまとめると、最初の質問者である父親と意見を交わした。治水や防災、そして灌漑《かんがい》など多目的ダムならではの複雑な要素を整理したのである。

俊太郎は俊博の意見におおよそ同意するとともに、1953年に和歌山を襲った7・18水害における当時の御坊周辺の人々の悲惨な姿をもっと強調し、ダム建設が遅れてはならないことを当局に訴えるべきであるとアドバイスしたという。

その質問を行った後、しばらく経って俊博は自宅からの連絡を受ける。父・俊太郎急変の知らせであった。急いで駆けつけた俊博を待っていたのは布団に弱々しく横たわる父の姿。しかし小康状態とのことだったので俊博は後ろ髪を引かれる思いで公務に戻った。

その夜、会議で遅くなった俊博が宿泊していた和歌山市内のホテルに連絡が入り、今度は当時の大橋正雄和歌山県知事が危篤との知らせが入る。結局、大橋知事はそのまま亡くなってしまい（享年57歳）、その日、事後処理に俊博は忙殺される。ところが同じ日の夕方に父親の容態が急変し、急いで帰宅したが、死に目に会うことは叶わなかった。

後になって考えれば、椿山ダムの問題について話したのが、父とじっくり話をした最後になってしまった。しかし最後に交わした会話が政治のことであったのは、政治家父子にとっては相応しいものだったのかもしれない。

田中角栄の薫陶を受ける

俊博は亡父・俊太郎の遺志を継いで、日高川上流の椿山多目的ダム建設に熱心に取り組み、その建設を実現させた。さらに、大阪周辺の高速道路を紀南まで延長させる提案をし、最終的には紀伊半島を1周する高速道路網を整備しようという構想を組み立てていた。俊博は「高速道路紀南延長促進議員連盟」を立ち上げ、自ら初代の事務局長に就任していた。この団体は与党・野党を問わず、多くの全県議会議員が会員になっている組織だった。県民のために、超党派で働き、粘り強く官庁や国会に働きかけていった。高速道路を開通させるためには、長い年月が必要である。俊博は精力的にこの事業に取り組み、多くの県内の人たちからの支持を獲得するようになっていった。

その成果の一つとして、ついに長年の夢であった「湯浅御坊道路」が１９９６年３月30日に開通する。俊博の地元である御坊市や日高郡を通る待望の道路である。当時の俊博が掲げたのは「過疎化を防ぎ、地域を発展させること」であり、この目的のために日高港湾の建設なども提唱している。

こうして俊博が和歌山で活動しているなか、国会では１９７９年10月７日の第35回衆議院議員総選挙において、自由民主党は２４８議席しか獲得できなかった。保守系無所属10名の入党を認めた結果、かろうじて２５８議席、過半数を確保したが、まさに薄氷を踏む思いの過半数確保である。これに対し、三木武夫、福田赳夫、中曽根康弘らが、総選挙敗北の責任を求めて大平正芳首相に辞任を迫ることになった。田中角栄の後押しを受けている大平首相は、頑としてこれを突っぱね、自民党は大混乱に陥った。最終的に11月20日の第２次大平内閣の本格的発足までのおよそ40日間にわたって、自民党内で激しい抗争が行われたため「40日抗争」と呼ばれることになる事態であった。〈福田派〉は、大平首相と激しくぶつかることになり、「〈福田派〉が自民党を飛び出すのではないか」という懸念まで出てくるような状況であった。

このとき、俊博の地元である和歌山2区の自民党国会議員は、早川崇、正示啓次郎の2人で、2人とも〈福田派〉だった。噂通り〈福田派〉が自民党を離党でもすれば、和歌山県2区は自民党空白区になりかねない状況だったのだ。

自民党の主流派である〈大平派〉、〈田中派〉は、万が一のことを考えて、立候補予定者の準備を始めていた。そうしたなかで、俊博のところに田中角栄の派閥となる勉強会〈木曜クラブ〉に属する江崎真澄から連絡が入った。江崎の話は、このままではいつ解散になるかわからない。その節には次期総選挙に〈田中派〉として出馬しないかというものだった。田中角栄も承認済みであるし、伊東正義官房長官にも話を通してあるとのことであった。突然の国政への誘いに驚いたが、その段階ではきっぱりと断ったという。

俊博自身はまだ小さな町の県会議員にすぎず、顔も名前も知られていない現状では国政選挙に出るつもりはないという考えだった。さらに地元に根付いている状況では、現職の早川、正示とも、それぞれ深い繋がりがあり、その時点で立候補すれば裏切り行為とも言える状況だと懸念したのだ。

江崎はそれでも、東京から有力な幹部や閣僚が応援に行くこと、そうなればたちまち俊博の顔も選挙区内に知れ渡ることを説き口説いたが、頑として首を縦に振らなかった。それでもどこからそんな話が漏れたのか、俊博が出馬するという噂が流れ、わざわざ不出馬宣言を行う羽目にまでなった。

県議会議員として、およそ2期8年間活動し、着実に実績を上げてきた俊博のところには、さまざまな話が県内外から持ち込まれてきた。

ある日、日高郡印南町《いなみちょう》真妻《まづま》地区の有力者たちが揃って自宅にやってきた。印南町は、県議会の選挙では俊博の選挙区ではないが、彼らは、以前から幾度となく俊博のところに相談に来ていたのだ。それは和歌山県の御坊市と奈良県十津川村《とつかわむら》を結ぶ道路「御坊十津川線」を国道に昇格してほしいという願いだった。国道になれば整備の予算も桁違いになる。その陳情を、新潟県にある田中角栄総理の事務所に持ち込もうという話だったのである。俊博は時間ギリギリまで彼らの話をじっくりと聞き、最後は電車に遅れそうな彼らを自分の車で駅まで送った。

地域の発展のために何かをしようとするなら、もちろん地元での活動は大切だが、中央である国政での活動も大きな力になる。俊博は、「40日抗争」以降も何回となく江崎真澄から国政に出ることを勧められていた。

繰り返し国政への誘いを受け、さんざん悩み抜いていた俊博は、いよいよ国政選挙に打って出ることになる。それも当時としては望外な田中派〈木曜クラブ〉からの出馬となるのだ。

俊博は、立候補を再三勧めてくれた江崎に、出馬する決意を伝えようと東京に向かった。同行したのは、これまで後援者となってくれていた日高郡の町村長たちである。平河町にある砂防会館の江崎の事務所を訪ねると、ほどなく小沢一郎や、俊博が遠藤三郎の秘書だった頃からの知り合いである愛野興一郎《あいのこういちろう》らが同席した。小沢は、郡の全町長、全村長などを伴って来た俊博を見て、その陣容に驚いたという。代議士にもなっていないうちからこれだけの後援者を集められるというのは異例なことだったのだ。

こうしてとうとう出馬を決意した俊博は、田中角栄のところに挨拶に出向いた。時あたかもロッキード事件の渦中であり、俊博に親しい記者からは、まもなく田中角栄に対し判決が出ることだし、ベテラン議員や現職議員ならいざ知らず、新人である俊博が〈田中派〉を名乗って出馬するのはリスクが高いというアドバイスもあった。それでも俊博の〈田中派〉から出馬するという決心は揺るがなかった。

紀州新聞社から、俊博初の著書となる『明日への挑戦』が刊行された。「政治に新風を、ふるさとに活力を」という合言葉のもと、1982年8月23日に出版された本である。その出版記念パーティーが1983年9月20日に東京プリンスホテルで開催された。出版記念パーティーと言いながら実態は二階俊博の衆議院議員選挙出馬決起集会のようなものであり、和歌山からもバス10台を連ねて大挙して後援者がやって来ることになった。そのパーティーには田中角栄も出席することになり、俊博の後援者たちと記念写真に収まってくれることになった。これはパーティーの目玉となったが、警察からは10月12日に判決を控えた田中角栄の安全を確保すべく、そうしたイベントはとりやめるように要請があったが、俊博からその話を聞いた田中角栄はまったく臆することなく、そのまま遂行するようにという返事だった。

パーティー当日は判決を間近に控えていることもあり、とてつもない数の報道陣が詰めかけていた。数日前に田中の筆頭秘書官だった榎本敏夫の妻で、元タレントの榎本（旧姓、細田）三恵子が、東京地方裁判所で開かれたロッキード裁判丸紅ルート公判で検察側の証人として出廷、田中角栄被告の5億円受領を決定的に裏付ける内容の証言を行った。この日本中を騒然とさせた「ハチの一刺し」発言を行った直後だったので、田中角栄は「夕涼みをしていれば、アブも飛んでくるし、蜂にも刺されます」と発言し話題になった。

田中角栄は俊博の郷里から来た後援者たちとにこやかに写真に収まり、上機嫌であったという。

その田中角栄の判決が出る日、10月12日には、俊博は来るべき選挙運動のための打ち合わせで、和歌山市にある連絡事務所に赴いた。到着すると、事務所の周辺にはテレビ局の中継車が何台も連なり、俊博のコメントをとるために待ち構えていた。

午前10時に判決が下り、田中角栄には懲役4年、追徴金5億円の実刑が宣告された。日本の首相による収賄事件で実刑判決が出たのは初めてのことだった。インタビューに応じた俊博はこう話している。

「田中先生は、雪深い新潟から国政に出てこられ、郷土のため、さらには国のために懸命に働いてこられた。これから、この裁判がどのように展開していくのかわかりませんが、裁判は裁判として考え、私はこれまで通り、人間としてお付き合いさせていただきます。どんな立場になろうとも、私は田中先生と何もなかったと、その関係を否定するつもりはまったくありません。今後も、政治家としてのご指導をいただきます」

つまりこれが、俊博の初出馬となる国政選挙への決意であった。

国政選挙に初出馬

その年の11月28日、中曽根康弘首相は衆議院を解散。いわゆる「田中判決選挙」に突入した。投票日は12月18日。ついに二階俊博の国政への初陣となる選挙戦の幕が切って落とされたのである。

選挙告示の3日前、地元にいた俊博のところに田中角栄から電話が入る。すぐに上京し、選挙戦に向けての情報を聞きたいというものであった。俊博は夜行列車で目白の田中邸に向かった。

田中角栄は開口一番、俊博の選挙区の市町村の数を尋ね、それぞれの状況を説明するように言った。俊博が順番に各市町村の状況を説明すると、個々の市町村について、人口や俊博が獲得できそうだと目論《もくろ》める得票数などを確認する。こうやって候補者それぞれの状況を聞くのは大変な作業である。この田中の激励と戦術に、俊博は深く感動した。

唯一、俊博が注文をつけたのは、応援の件だった。県議時代からの課題だった高速道路の紀南までの延長を裏付けるためにも、〈田中派〉の内海英男建設大臣の和歌山入りを要請したのである。田中角栄は快諾し、ほどなく秘書官から連絡があり、和歌山に応援に来てくれることが決まった。さらに田中角栄は江崎真澄、林義郎厚生大臣をはじめ〈田中派〉の議員を続々と応援に送り込んでくれた。またこのとき、自民党の党総務局長だった小沢一郎は、自民党本部で選挙を取り仕切り、陣頭指揮を執ることになったため、同期の羽田孜をわざわざ送り込んでくれたという。

こうして選挙戦を戦った俊博は、12月18日の投票日を迎えた。その得票数は5万3611票。第2位で見事に初陣を飾ったのである。

さっそく、12月26日に国会が召集されることになり、その日の朝、俊博は地元の後援会幹部数人を伴って目白の田中邸に当選の報告とお礼に出向いた。

俊博の当選を祝った田中角栄は、実は自分の読みでは俊博は当選ラインぎりぎりと目論んでいたが、存外に得票数が多かったことで、すこぶる機嫌が良かったという。

後日、料亭において〈田中派〉新人議員たちを歓迎する宴が開かれた。そこには田中角栄を筆頭に二階堂進、江崎真澄、竹下登、後藤田正晴といった〈田中派〉の重鎮が集まり、新たに入閣した渡部恒三をはじめ、奥田敬和、羽田孜らの顔も並んでいる。初当選した新人議員たちは一列に並んで座ることになった。

司会役が口火を切り、新人議員に自己紹介を促したが、そこに田中角栄が割って入る。田中自身が、自ら新人議員たちを紹介するというのである。

田中角栄は立ち上がると、メモなど一切見ることなどなく、新人議員全員の出身地、選挙区、経歴、公約、そして対立候補の情報まで流れるように紹介した。出てくる名前も、数値も、寸分たがわず正確なものだった。俊博を紹介するときには、

「(初当選とはいえ) 二階君は、農林省の局長をやっていた遠藤三郎先生の秘書を11年も務めてきた人物だから、長い政治経験を持っている」と最後に付け加えた。

このとき、俊博と同期で当選した自民党の新人議員たちは、当選した年である昭和58年にちなんで、派閥を超えて〈五・八会〉を結成した。この〈五・八会〉の会合で、各派閥のトップを呼んで勉強会を開こうという話が持ち上がった。新人議員たちは、それぞれの胸に名札をつけてこの勉強会に臨むことになった。回ごとに一

人、〈中曽根派〉の中曽根康弘、〈河本派〉の前身である〈三木派〉の三木武夫など、各派閥のトップが登場して毎回の勉強会が行われたが、当然ながら〈田中派〉の田中角栄にも登場してもらうことになった。田中は一通りの話を終えると、会場にいる新人議員を個別に回って話を始めた。それぞれの名札を見ながら、二世議員には父親の名前を言い当ててその安否を気遣い、落選経験者にはようやく当選できたことを喜び、他派の議員たちの出身や経歴を言い当てていったという。しかも、自分の派閥の新人議員は身内だからと飛ばし、他派の議員を優先して回ったのである。それまで登場した各派閥のリーダーで、こんなことをできた人物はいなかった。俊博は田中角栄の頭脳明晰さと記憶力の良さにあらためて驚いていた。

そんな会が終わろうとしたとき、田中角栄が俊博に声をかけた。俊博が長らく秘書として仕えていた遠藤代議士の家族の安否を尋ねてくれたのだ。俊博はその日、実はこの勉強会の後、同じ店の別室で、遠藤三郎の家族や秘書時代の先輩、同僚と会うことになっていた。そのことを告げると、田中角栄はぜひ顔を出すと言い出した。こうして遠藤の家族や元秘書たちは、とてつもない特別ゲストの登場に驚き、そして沸き立ったことは言うまでもない。

田中は部屋の面々にこう言ったという。

「遠藤先生は、農林省の役人だったが、官僚に似合わぬスマートな人だった」

その夜、店の前で待つ番記者たちは〈五・八会〉の会合が終わっても、なかなか出てこない田中角栄に業を煮やし大騒ぎになっていたという。

こうして二階俊博は衆議院議員としてのキャリアをスタートさせたのである。そして現在まで連続当選を続けている。

幹事長時代の田中角栄

俊博が薫陶を受けた田中角栄の、政治家として戦後の一時代を築いたその足跡は、良くも悪くも日本の政治史に残っていくことは間違いないだろう。田中角栄が「コンピュータ付きブルドーザー」と呼ばれるようになったのは、佐藤栄作政権時代に幹事長を務めているときだった。

新潟の小さな過疎の村に生まれ、学歴は尋常高等小学校卒。ところが頭脳明晰にして人並み外れた記憶力を持ち、そして勉強家であった。学歴はどうであっても、学問は生涯不可欠というのが持論で、その人を惹き付ける魅力と求心力で、戦後の政治に燦然《さんぜん》と輝く歴史を残した立志伝中の人物である。

田中は、日中戦争では召集されて満州に渡るが、そこで肺炎を患い生死の境をさまよう目に遭い、内地送還となっている。しかし奇跡的に回復すると、こんどは政界を目指すことになる。当時の政界はといえば、東京大学出身の元官僚たちが幅を利かせていた時代である。外務省出身の吉田茂が中央に座し、その脇には大蔵省出身の池田勇人が控え、その反対側には鉄道省（のちの運輸省）出身の佐藤栄作がいた。それは「吉田学校」と呼ばれ、官僚出身者が圧倒的多数を占める世界だったのだ。

田中は、自身の経営する田中土建工業の顧問だった、進歩党の代議士である大麻唯男《おおあさただお》からの頼みで、政治献金を行ったことがあった。その関係から、大麻唯男の要請で、1946年11月4日の第22回衆議院総選挙に進歩党公認候補として、郷里の新潟2区（当時は大選挙区制であり、その後の中選挙区制における選挙区とは異なる）から立候補した。しかし、選挙資金の流用に遭ったり、支援者が立候補したりといった誤算もあり、定数8人のところ、37人の候補中11位で落選した経験がある。

翌1947年4月、新たに制定された日本国憲法のもとで行われる最初の総選挙である第23回総選挙で、田中角栄は新たに中選挙区となった新潟3区（定数5）に、民主党（進歩党が改組）の公認で立候補し、12人中3位という成績で初当選した。まさに捲土重来《けんどちょうらい》であった。

東大卒のエリート官僚出身者ばかりの政界にあって、尋常高等小学校卒である田中角栄には出る幕などはなかったはずだが、なぜか1年生代議士ながら、首相を辞めたばかりの幣原喜重郎に、可愛がられたのである。

民主党は日本社会党・国民協同党の3党連立による片山内閣として与党となったが、1947年11月に炭鉱を国家管理する「臨時石炭鉱業管理法」が提出されると、田中は本会議で反対票を投じ、同調した14名とともに民主党から離党勧告を受ける。そこで同様の理由で除名・離党した民主党議員たちと〈同志クラブ〉のちの〈民主クラブ〉に合流することになった。民主クラブは1948年3月には、吉田茂が党首である日本自由党と合同して民主自由党となった。この政党再編により、田中は吉田茂と出会うことになる。その民主自由党で田中は「選挙部長」の役を得ている。

そして、〈吉田学校〉の一員となった田中は、〝優等生〟として吉田に高く評価され、そこで大蔵省事務次官退官後、衆院議員となり、蔵相や通産相などを歴任した池田勇人と出会うのである。

田中は初めて政界に出て間もない1950年から1953年の4年間に、多くの「議員立法」を成立させている。「道路三法」「国土総合開発法」「公営住宅法」「河川法改正法」「電源開発促進法」など、戦後復興に不可欠だった法律を次々に成立させ、その議員立法の数は生涯で33本にも達した。

そこまでの道のりで、田中は、39歳という当時最年少の若さで岸内閣の郵政大臣に抜擢され、テレビ時代を迎えるにあたっての最大の政策課題であり、難関であった大量のテレビ局（民放36局、NHK7局）予備免許申請に大鉈《おおなた》を振るい、郵政省の影響下に落着させていた。またその後は、副幹事長として日米新安保条約の成立に八面六臂の活躍を見せた。

1960年には岸信介が念願だった「日米新安保条約」の成立を機に内閣を総辞職すると、池田勇人は「寛容と忍耐」というスローガンと「所得倍増計画」を掲げて第1次池田内閣を発足させた。翌年の第2次池田改造内閣で、田中は自民党の役員三役の一つである政調会長のポストを任せられることになる。田中の政治的能力の高さ、発想、馬力が買われたのだ。さらに田中は大蔵大臣のポストを得ている。

1964年11月、池田勇人は、癌を患って再起不能という判断から内閣総辞職、後継に岸の弟である佐藤栄作を指名した。首相の座に就いた佐藤は、官房長官を除き、ほかの閣僚を留任させる形で第1次内閣をスタートさせた。政権を譲ってくれた池田の顔を立てた布陣であり、田中もまた、池田内閣での大蔵大臣をそのまま引き継ぐことになった。

ところで、田中が佐藤内閣の大蔵大臣に就任した頃の1965年、証券業界のトップであった山一證券が倒産危機に陥るという事態が発生した。「山一」が倒産となれば国民生活、景気に計り知れない影響が及ぶことは火を見るよりも明らかだった。大蔵省にとっても深刻な事態だった。発足間もない佐藤内閣そのものの命運さえも左右しかねない。大蔵大臣としての田中の力量・真贋《しんがん》が問われる場面であったのだ。

ここでも田中角栄は、緻密にして大胆なる豪腕を振るう。銀行など田中自身の経済界の人脈を駆使し、その一方で「次善の策」「三善の策」を模索しながら、最後は日本銀行を一喝、伝家の宝刀を抜く格好で、日銀法25条により「山一」への282億円もの「日銀特融」を実現させたのだ。この働きによって、自民党内でも田中角栄の力量は改めて一目置かれるものになった。結果的に株式市場も活況を取り戻し、天下を揺るがした動乱も鎮まっていった。

そして、1965年6月、第1次佐藤改造内閣発足と同時の党人事で、田中角栄は自民党幹事長となる。それは、田中の長い政治生活のなかで、最も輝いていた時代の始まりだった。

田中は、幹事長という仕事について、「何回やっても良い面白い仕事だ」と語っていたという。

第五章

政治家、二階俊博

田中角栄、倒れる

１９８３年、国会に初当選した二階俊博の国会内における位置づけは、江崎真澄の系列に属するいわば、〈田中派〉の外様的存在であり、あくまでも正統派の田中派議員にはなっていなかった部分がある。それでも二階にとって初当選を叶えるべく、協力を惜しまなかった田中角栄への恩義は忘れられないものであり、またその記憶力のすごさや人間性など心酔する部分が多かった。

そんな折、１９８４年の暮れに〈田中派〉の一員である竹下登が、築地の料亭において勉強会を開催した。あくまでも非公式であり、秘密裏に開かれた勉強会であったが、それが後の竹下派である〈創政会〉の前身である。そのメンバーの人選を行ったのは、竹下の後見人である金丸信、竹下本人、そして小渕恵三、梶山静六らであった。

１９８５年の初頭、二階俊博は衆議院議員運営委員長に就任していた小沢一郎に呼び出された。この竹下登が開いた勉強会への誘いであった。二階はそれには即答せず、時間をかけて考えたいと答えたという。田中角栄の祝福を得て立ち上がる勉強会ならば大賛成だが、陰に隠れてこそこそやるのは性に合わなかったし、前述のとおり二階は〈田中派〉の外様とも言われる江崎真澄の系列に属していた。江崎は〈田中派〉の会長代理でもあり、そして田中角栄の名代的存在でもあった。二階は再三の小沢からの誘いをやり過ごしていた。

そんな最中の1985年1月28日、毎日新聞朝刊に『竹下氏が政策集団を旗揚げ』というスクープ記事が掲載された。それを知った田中角栄は激怒したという。

田中角栄が派閥を作ったときは、佐藤栄作が派閥を解消するという決定を受けたうえで〈田中派〉を立ち上げた経緯があり、いわばきちんと仁義を切っているのだが、しかしこのときの竹下登のやり方は、田中が派閥を維持していくという方向性を示していることに対する、いわばクーデターであったからだ。

当然ながら、田中角栄の腹心ともいえる存在である〈木曜クラブ〉会長の二階堂進、会長代理の江崎真澄、事務総長の小沢辰男、そして田中の秘書の早坂茂三や佐藤昭《あき》（のちに昭子に改名）らは、竹下の勉強会への参加を表明していた議員たちに対する個別の切り崩しをはかった。

これを受けて竹下側は、メンバー獲得に必死になったのは言うまでもない。小沢からの誘いをかわし続けていた二階のところにも、竹下とともに勉強会を立ち上げた小渕恵三や主だったメンバーたちから頻繁に誘いの連絡が入ったという。しかし、二階はそれを丁重に断り続けた。どうしても田中角栄からの賛同なしにはそこに参加する気にはなれなかったのだ。

1985年2月7日、砂防会館別館の3階にあった〈田中派〉の事務所において、竹下登は〈創政会〉の設立総会を開いた。出席したのは、衆議院議員が29名、参議院議員が11名の総勢40名であった。

それから20日後の2月27日、田中角栄は目白の自宅で倒れた。脳梗塞だった。これ以降、田中角栄の姿は政界から消える。その超人的な記憶力も、洞察力も、行動力も、人間的魅力も、もはや蘇ることはなかったのである。

初の海外視察

田中角栄が病に倒れてしばらく経ったある日、二階のところに、田中の腹心で第

2次中曽根内閣で郵政大臣を務めた奥田敬和から連絡が入った。奥田は田中の連絡係のような存在で、田中の意向を派内の幹部や中堅たちに伝えてきた人物である。ときには嫌な役回りをすることがあり、そうしたことから極めて田中に近い人物と目されていた。竹下の勉強会についても、現職の郵政大臣だったせいか、誘われなかった経緯があった。当然ながら、〈創政会〉の設立総会にも出席しなかったが、そうかといって、二階堂や江崎のような立場でもなく、中間的な存在の人物だった。

奥田からの話は、その年にアフリカのトーゴで開催される列国議会同盟（ＩＰＵ＝Inter-Parliamentary Union）に一緒に行かないかというものであった。奥田は団長としてその会議に出席することになっており、ぜひとも二階を伴って出席したいという。ただ会議終了後にエチオピア視察が行われることになっており、総日程が16日間という長い海外渡航であった。

二階はすぐには返事を差し控えた。なにせ1年生議員の身である。なぜ自分のことを誘うのか。16日間も海外に出かけることには躊躇があった。

しかしこのチャンスを逃すと、当時まだまだ世界に開かれてはいなかった国の多いアフリカに行けるのは、いつのことになるかわからない。二階は同行する決心を固めた。コートジボワールに向けて成田空港を離陸した飛行機のなかで、二階は奥田から事の真相を聞いた。奥田は郵政大臣退任後に田中角栄のところに挨拶に行ったのだという。その節に、田中は「和歌山から出てきた二階を応援してやってくれ」と言ったのである。そのことが記憶にあった奥田は二階をアフリカに誘ったのだ。

二階はアフリカに向かう機上で、感謝してもしきれないような気持ちになったという。田中の気持ちに応えるように、列国議会同盟会議後に視察したエチオピアで見た飢餓に苦しむ人々を救おうと、二階は帰国すると直《ただ》ちに「日本・エチオピア友好議員連盟」を設立。会長には奥田が就任し、二階は事務局長となった。ここで二階は奥田から外交の手ほどきを受けることになる。

1987年6月3日、都内のホテルで〈竹下先生を総裁選に推薦する会〉が開催されることが決まった。勉強会から発展した〈創政会〉の中心人物たちは、この会を実質的な〈竹下派〉旗揚げとするとともに、秋の総裁選に向けての竹下の出馬表明の場にしようと目論んでいたのだ。

〈田中派〉からも田村元、奥田敬和らを筆頭とする中間派の議員たちが、この会に参加することを決めていたが、〈田中派〉の会長だった二階堂進に与《くみ》する江崎真澄、小坂徳三郎、山下元利《がんり》、田中直紀らは揃って欠席することを決めていた。

二階の属する中間派は早々に参加する意思を表明していたが、二階自身はまだ迷いがあったという。そこで二階は江崎真澄に連絡を取った。確かに、最後まで田中角栄に忠誠を尽くすことが筋ではあるが、それと同時に国会議員は、政治の流れを見きわめたうえで、地元の期待にも応えなければならない。そろそろ決心を固める時期だと思ったからだった。江崎はこう言ったという。

「私は、二階堂さんと行動をともにしないといけないので参加することはできない。しかし二階くんはしっかり頑張ってほしい」

二階は江崎のこの了解を聞くと即座に小沢一郎に連絡を入れた。長らく待たせた形になったが、誘いを受けて参加することを伝えたのである。

〈竹下先生を総裁選に推薦する会〉には、田中角栄を含め141名の〈田中派〉議員中、118名（代理出席を含む）もの議員が出席することになった。二階もその一人であったのは言うまでもない。そのおよそ1ヵ月後の7月4日、〈田中派〉が分裂。竹下派〈経世会〉が発足した。

1987年11月、総裁選が終了し、中曽根首相の裁定により宮澤喜一、安倍晋太郎を押さえて竹下が総裁になるとすぐに、二階は竹下に大蔵省の役人と勉強会を作ってみないかと声をかけられた。竹下の経験から、二階のような県議出身の国会議員と大蔵官僚はとかく衝突することが多いのだという。しかし、この両者が協力し合うことができれば大きな力となる。

発案者の竹下の協力のもと、二階とともに初当選した大島理森、額賀福志郎らと勉強会を発足させることになった。この勉強会の名称は、大蔵省の「大」と昭和58年初当選組の「八」をとって、〈大八会〉と命名され、以後定期的に勉強会が続けられることになる。その後〈大八会〉は二階にとってかけがえのない財産の一つとなり、そのときのメンバーは今や財務省の幹部として重要なポストを占めている。

トルコと和歌山の縁

ところで、二階の郷里である和歌山にはトルコと切っても切れない縁がある。

1890年9月16日、当時のオスマントルコ帝国からサルタンの親書と最高勲章を明治天皇に捧呈するために派遣されたトルコ軍艦「エルトゥールル」号が、使命を終えて帰国の途に就いた直後、二階の地元である和歌山県西牟婁郡《にしむろぐん》串本町《くしもとちょう》の大島の沖で台風に遭遇し、沈没したのである。なんと乗員６５０名中５８１名が死亡するという大惨事だった。このとき、串本町の旧大島村の住人たちが、流れ着いた69名の生き残りのトルコ人たちの看護にあたった。その人道的行為はトルコ国内では大きく取り上げられ、教科書にまで載る史実として伝えられているのである。串本町には「トルコ軍艦遭難記念碑」が建立され、毎年慰霊祭が行われている。２０１５年には日本とトルコの友好１２５年を記念し、日本・トルコの合作による『海難１８９０』という映画も制作された。

　そんな経緯を知ってか知らずか、１９８８年７月２日、金丸信を団長とする「日本・トルコ友好親善使節団（空飛ぶシルクロード）」がトルコを訪問することになった。

　これは、「日本・トルコ航空路開設に関する委員会（渡部恒三・委員長）」が主催し、日本・トルコ友好議員連盟が後援して計画されたものであり、国会議員30人を含む総勢３００人という異例の大使節団であった。

　このとき、二階は「日本・トルコ友好親善使節団」の事務局長として全日空の若狭得治会長と交渉し、全面的な協力を取り付けてチャーター便を確保し、キャンペーン・ツアーを実現させた。

二階自身、前年の1987年夏に「スポーツ文化交流使節団」の団長として、アフリカのチュニジア、カメルーン、コートジボワールを訪問した後、金丸の親書を携えてトルコを訪問し、多くの要人たちと接してきていた経緯がある。

そのような背景もあって、二階は、多くの政府関係者や議会の有力者から、日本とトルコの航空路開設の促進とともに、第2ボスポラス橋の開通式に合わせて使節団を派遣してほしいという強い要望を受け取っていた。これは、ボスポラス海峡に掛かるアジアとヨーロッパを結ぶ2つ目の橋であり、日本の企業共同体が中心になって建設されたものである。

中東和平に重要な役割を担うトルコとの友好の輪を広げることは、日本にとって重要な外交課題である。その意味で、民間の人々が多数参加した使節団訪問の役割は大きいものだった。

新生党から立候補する

1987年に旗揚げされた〈経世会〉は、同年に竹下登を自民党総裁・総理大臣に押し上げたが、竹下自身がリクルート事件に関与していた疑惑が浮上、内閣支持率は10％を割り、1988年、辞任に追い込まれた。その後も、「これからは球拾いに徹する」と言いながら、自民党内では最大派閥として宇野宗佑《そうすけ》、海部俊樹、宮澤喜一政権に大きな影響力を持ち続けたが、宮澤政権時の1992年8月22日、朝日新聞朝刊1面に「東京佐川急便の渡辺元社長『金丸氏側に五億円』と供述」という大見出しが掲載されてしまった。

総額952億円という戦後最大規模の特別背任事件となった東京佐川急便事件。東京地検は1992年2月、佐川急便の渡辺広康元社長ら4人を逮捕するとともに、強制捜査に乗り出した。このことが政界に与えた影響は、ロッキード事件やリクルート事件に勝るとも劣らないものだった。

〈経世会〉会長の金丸信は、佐藤守良自民党事務総長とともに8月27日、自由民主党党本部4階の記者会見場においてその事実を認め、この日を境に、〈経世会〉会長代行の小沢一郎を支持する一派と小沢の対応に対して猛烈に反発する反小沢派に割れ、激しい派内抗争が勃発した。金丸信も10月14日に政界の引退を表明した。政界のドンと言われた金丸信の凋落であり、長期安定と思われた「田中派支配」「竹下派支配」が終焉を迎えたことになる。この金丸信の引退劇を受けて〈経世会〉は急速に求心力を失い、一挙に分裂に向けて動いていく。

10月21日、金丸が正式に議員辞職をする日、同時に〈経世会〉の後継会長が選出されることになっていた。小沢一郎グループが推す羽田孜と、反小沢グループが推す小渕恵三。小沢は当日の朝8時に小沢系の議員に招集をかけた。二階もそこに含まれている。会場には、反小沢グループによる多数派工作があったにもかかわらず、〈経世会〉の全衆議院議員67名のうち35名（代理出席を含む）が集結しており、小沢の推す羽田孜が優勢と思われた。しかしなぜか、10月28日〈経世会〉の臨時総会により、第3代会長に就任したのは反小沢グループの推す小渕恵三だった。

この発表を不服とし、小沢グループは新政策集団〈改革フォーラム21〉を旗揚げ、〈羽田派〉を擁立する。これで〈経世会〉は事実上、分裂。小沢一郎と行動をともにしていた二階俊博の運命も、大きな影響を受けることになる。

そして1993年6月17日午前中の国会において、社会党、公明党、民社党3党の党首が、選挙制度改革法案の成立を断念した宮澤喜一総理に対して内閣不信任決議案を提出。衆議院の解散を求めた。

翌日の宮澤内閣不信任決議案の採決において、小沢率いる〈改革フォーラム21〉のメンバーである衆議院議員34名が不信任案に賛成票を投じ、決議案は可決される。宮澤首相は、衆議院を解散。7月4日公示、7月18日投票の日程で総選挙に突入することとなった。

二階も所属する〈改革フォーラム21〉の仲間とともに自民党を離党し、衆参両院合わせて44人のメンバーは6月23日に、党首には羽田孜、代表幹事に小沢一郎という執行部による新生党を結成した。

選挙戦に突入したが、二階自身は、新人候補の相談を受けていたためしばらく東京に残っていたが、同僚の議員たちからは、早く郷里の和歌山に帰ったほうが良いとアドバイスされていた。二階の選挙区である和歌山2区は、定数が3から2に減っており、保守同士の激戦が予想されていたからである。

二階は小沢代表幹事に新人候補の相談を任せ、羽田空港から南紀白浜空港に向かうことになった。二階は少し憂鬱だった。自民党を離党し新生党に加わったことを支援者たちから責められることを予想したのだ。南紀白浜空港には、15人ほどの支援者が出迎えていた。しかし二階の耳に飛び込んできたのは、非難や不満の声ではなかった。彼らは変わらぬ支持と支援を申し出てくれたのである。二階の、そして新生党の改革に対する考え方は理解されていた。

総選挙が公示された7月4日から、二階は精力的に選挙区内を回り、有権者に改革の重要性を訴えた。

聞けば、全国で現職議員はもちろんのこと、新人候補も善戦しているということだった。それどころか、さらに細川護熙《もりひろ》が立ち上げた日本新党の候補者が躍進を見せており、自民党が苦戦しているという。

投票日は7月18日。新生党の候補である二階俊博は、10万4600票で堂々のトップ当選を果たした。得票数はなんと前回の総選挙で獲得した票のほぼ倍であった。しかも、10万票を超えた得票数を記録したのは、和歌山2区における戦前、戦後を通じての新記録であった。

ついでながら、このとき同じ県の和歌山1区で立候補した新生党現職候補である中西啓介も、なんと9万2270票を獲得して、トップで当選を果たしている。二階、中西の2人の得票数を合計すると、和歌山県における新生党の支持率は、党首である羽田の地元の長野県、そして小沢一郎の地元である岩手県よりも高く、全国トップであった。

総選挙における結果は、自民党が223議席、社会党が70議席、新生党が55議席、公明党が51議席、日本新党が35議席、共産党が15議席、民社党が15議席、さきがけが13議席、社民連が4議席、無所属が30議席であった。自由民主党が過半数を割る大敗を喫したのである。

非自民党政権に属する

自民党は過半数を割っただけでなく、反自由民主党票がこれまでの野党第一党だった日本社会党だけではなく、保守系新党にも流れたため、政界を取り巻く状況は混沌を極めていた。自民党と社会党という2大政党による対立構造からなる、いわゆる「55年体制」は終焉を迎え、小政党が乱立する構図となった。自民党が単独では政権を維持できない以上、連立政権の道しかない。そこに小沢一郎率いる新生党であるが、もちろん単独での政権は無理であり、新生党といえどもどこかと連立しなければならない。さらに非保守系の側も政権奪取に意欲を見せ、

・自民党を中心とする連立政権
・保守系の新党による連立政権
・革新系の政党による連立政権

という3方向の可能性が浮上したのである。このとき、キャスティングボードを握ったのが細川護熙を代表とする日本新党だ。日本新党が自民党と与するのか、はたまた非自民でいくのか、マスコミも含め日本中が注目することになった。

そこで動いたのが小沢一郎である。日本新党代表の細川護熙を口説き落とし、総理大臣に推すことで小沢はなんとか日本新党を非自民側に引き込もうとしたのだ。

二階は、細川が総理の座を引き受けると確信していた。日本新党の代表として大きな流れを巻き起こした細川護熙は、前年のスタート時点では参議院議員であった細川たった1人だったにもかかわらず、今や参議院から衆議院に鞍替《くらが》えした細川含め日本新党所属の衆議院議員を35人も擁し、行政改革や規制緩和を断行する意欲に溢れていたからだ。確かに衆議院議員1年生が総理になるのは異例なことだが、今

は変革期である。細川総理が誕生する舞台装置は揃っていると考えたのだ。

案の定、細川は小沢の要請を受け入れ、1993年8月9日に非自民7党1会派で構成される細川内閣が誕生した。新生党は新たに閣僚6ポストを獲得した。11月18日には参院会派「日本・新生・改革連合」を結成する。これは、38年ぶりの非自民連立政権の誕生だった。ちなみに細川内閣誕生時の支持率は70％を超えていた。

二階は発足した細川内閣でも、自民党時代に経験した運輸政務次官に再び就任する。運輸大臣は社会党の伊藤茂であったが、実務的には経験豊富な二階の手腕が生きた形で、二階は「影の運輸大臣」とも呼ばれた。

ところが、細川政権はその支持率の高さにもかかわらず、長続きしなかったのである。自民党から執拗に、いわゆる佐川急便スキャンダルを追及された細川総理は、就任からわずか8ヵ月の1994年4月8日、退陣を表明した。

それに代わって4月25日に誕生したのが、新生党の党首である羽田孜を首相に掲げた非自民連立政権である。ところが、新生党代表幹事の小沢一郎、公明党書記長の市川雄一による、「一・一ライン」と呼ばれる二人の強権的な発言や政治手法に、統一会派「改新」の騒動などで、今度は社会党が政権を離脱してしまい、羽田政権はたちまち少数与党となってしまったのである。

しかし、自民党と社会党は羽田政権の誕生以前から裏で繋がっていたのである。二階はそのことを察知していた。両党は、たとえ非自民連立政権であったとしても、自民党と社会党中心の政権を擁立しようと綿密な準備を進めていたのだ。

羽田内閣発足時の混乱、そして就任直後の羽田孜首相の外遊、さらに帰国すれば永野茂門《しげと》法務大臣の「南京大虐殺はでっち上げだと思う」という暴言騒ぎによる在任わずか10日での更迭など、騒然となった第129回通常国会は、5月になっても予算の審議に入ることができずにいた。すでに年度明け4月1日に、50日間で11兆514億円という大型の1994年度暫定予算をギリギリで可決。これが失効する5月20日には期限を6月29日まで40日間延長し、10兆8930億円を追加した暫定補正予算を可決して何とか急場を凌《しの》いでいた。そのため羽田内閣の課題は予算をいかに会期内に成立させるかに絞られていた。

6月23日、やっと予算案が参議院で可決され成立すると、予期されていた通り、自民党はその日のうちに

・羽田内閣が少数与党内閣で民意を反映していない

・その二重権力構造が民主主義に背くこと

などの理由を挙げ、羽田内閣不信任決議案を提出した。25日の本会議終了時に不信任決議案は自民党と社会党の賛成多数で可決されることが決まったようなもの。解散も考えたという羽田だが、解散は政治空白を生むことになる。さらに衆議院の小選挙区制への移行が決まったが、新たな選挙区区割り法がまだ成立していなかったため、そのまま解散・選挙となれば、それまでの中選挙区制での総選挙となることは必至。それで過半数を取れる見込みは皆無だった。羽田は解散を断念し、本会議開会の直前に内閣総辞職した。新生党は首班指名選挙に、当時自由改革連合の代表だった海部俊樹を擁立するが、決選投票で社会党委員長の村山富市に敗れる。6月30日、自社さ連立政権の村山内閣が発足するとともに新生党は野党に転落する。

それまで社会党は総選挙の度ごとに非自民連立政権を作ることを公約に掲げてきた。自民党の政策に正面から対抗し、日米安保反対、日の丸反対、自衛隊違憲を唱えてきていた。その社会党が、選挙を経ることなく、有権者の支持を得ることなく、自民党と連立政権を組むことなど考えられなかった。

自社さきがけ連立政権というのは、社会党の村山委員長と自民党元官房長官の梶山静六が中心となって誕生したものである。村山と梶山は、かつて国対委員長同士として仲が良かった。しかもこの政権における基本姿勢は、自民党が政権を奪還できるのなら、社会党どころか共産党であろうと手を組むことを辞さない気迫と執念で、政権返り咲きを狙っていた一派が推し進めてきたものだった。しかし、そんなことは、心ある国民が決して認めないとこのとき二階は思った。

その年の9月28日には衆院会派である「改革」が結成された。11月16日になると、全国代表者会議で新生党の解党と新党への参加が決定され、12月9日新生党は解党され、翌日の10日には新進党が結党された。

初代党首選は、自由改革連合代表の海部俊樹、新生党党首の羽田孜、民社党委員長の米沢隆の3人で争われ、海部俊樹が勝利した。党首は羽田孜だったが、直後に行われた東京都議会議員選挙では獲得議席なしという結果となった。1995年12月の海部党首の任期満了に伴い行われた党首選では、羽田孜と小沢一郎が真っ向から対峙する形となり、結果的に小沢一郎が党首に就任した。海部俊樹に続き今回は小沢一郎に敗れた羽田孜の一派は、以降小沢一郎側との対立姿勢を強めていくようになる。

二階俊博は、細川政権、羽田政権それぞれで運輸関係の要職を務めたが、その後新進党にも参加し、「明日の内閣（新進党の政策決定機関であった政権準備委員会の通称）」の運輸・交通部門と建設・国土部門の大臣などを歴任する。

たとえ新進党が、再び社会党やさきがけと連合したとしても、党内でのべつゴタゴタが起きる。小沢の一挙手一投足に、さまざまな声が湧き上がる。それでは、とても日本が国際社会において信頼や尊敬を得られる外交や政治にはならない。やがて新進党も総選挙の洗礼を受けるが、この姿がいいのかどうか、国民に認知されるかどうか、その結果で自ずと明らかになると二階は考えていた。

2度の大地震を経験

1994年の暮れも押しせまった12月28日の夜、東北地方を中心に強い地震が襲った。「三陸はるか沖地震」である。衆議院議員4回生の二階は、その時点で新進党の政策決定機関であった政権準備委員会「明日の内閣」の国土・交通政策担当（国土庁長官、建設、運輸大臣）であった。その二階のところに、総合調整担当（官房長官）の西岡武夫から連絡が入った。地震担当として直ちに現地に向かってほしいということだった。

そして新進党として対策本部を設置し、調査団を現地に派遣することになった。副本部長になった二階は、昼の飛行機で八戸市に入ると、直ちに地元の衆議院議員木村守男の案内で、綿密な調査を行い、その日のうちに帰京した。

二階は30日の朝、会議を開き、国土庁に対して緊急に申し入れを行った。その内容は、「今回の『三陸はるか沖地震』地震発生に対し、残念ながら政府の危機管理対策に課題があることを指摘したい。先の自衛艦『なだしお』の事故（1988年）、北海道南西沖地震、中華航空機事故、そして今回の地震時の例にも見られたように、役所等の御用納めの後・休暇時・緊急時の指揮、命令が十二分に機能しているかどうか一抹の不安を禁じ得ない。ついては政府はもとより、与野党一体となって国民が安心して国民生活を送れるよう早急な対応を図る必要がある。また我が国土が自然的、地理的条件から自然災害を受けやすい状態にあり、そのうえ都市化の進展等に伴い、災害の態様も複雑化、大規模化する傾向にある。これに対応するには地方公共団体を含めた国全体として、立法措置を含む災害対策および危機管理対策を速やかに確立すべきである」というもので、これはその後、二階が強力に提唱し続けている「国土強靭化」に繋がる内容である。

年が明けて1995年1月9日には、新進党の「明日の内閣」において、17省庁の50名を超える担当者を呼び、国家の危機管理のありかたについての申し入れを行った。しかし、その時点でも村山政権には、残念ながら積極的に取り組む姿勢は見られなかった。

そして、1週間後の1月17日。「あの日」がやってくる。

1995年1月17日午前5時46分、当時新進党の国土・交通政策担当だった二階俊博は、大阪・地下鉄御堂筋線の中津駅前にあるホテル、12階のエレベーターホールにいた。この日は、午前9時から東京の衆議院内で新進党の政権準備委員会、つまり「明日の内閣」の閣議が招集されており、国土・交通政策担当の二階は、午前6時12分新大阪駅発のぞみ302号に乗車する予定だった。

エレベーターを待ちながら一瞬気を抜いたその瞬間、立っているのもやっとというほどの大きな揺れが襲ってきた。大きな植木鉢が横倒しになり、灰皿が倒れ、やがて、すべての照明が消えて真っ暗闇になった。揺れが収まると、エレベーターは止まり、あちこちにものが散乱している。「阪神・淡路大震災」である。

二階は暗闇のなか、非常階段を慎重に降り、ようやく一階にあるロビーに辿り着いたが、そこも闇に包まれていた。非常用の蠟燭《ろうそく》を頼りに顔面蒼白になっているフロント係に声をかけた。チェックアウトしようにも、レジが動かないという。二階は名刺を置くと大阪駅に向かった。まだ地震の規模や被害について知る由もなかったが、とにかく何かしなくてはならない……。

しかし、新幹線は不通であった。二階はその足で伊丹空港に向かった。たまたま運良く間に合った、日本航空102便、7時20分発羽田行きに搭乗し、羽田空港には8時30分に到着。そのままモノレールに乗り込み、携帯電話でいくつかの省庁に連絡を取る。あれだけ酷い揺れであったし、首相官邸から何らかの対応や指示があったはずだと考えたからだ。ところが、電話の向こうの話では、官邸からは何の指示も出されていないという。村山政権はまだ何も動いていなかったのである。

午前9時30分頃、二階は、衆議院内の政権準備委員会が開催される予定の控室に入った。そこには海部俊樹が険しい表情で待っており、二階の顔を見るなり大声で、

直ちに「地震災害対策本部」を設置することになったので、二階には副本部長として、すぐに現地に飛ぶように指示が出た。ヘリコプターをチャーターしてもいいからとにかく急いでほしいという。大阪から戻ったばかりの二階は、すぐさま神戸に向かうことになった。ヘリコプターで神戸まで飛ぶと時間がかかりすぎるとの判断で、羽田空港を午前10時30分に発つ全日空603便で岡山空港に向かい、そこからヘリコプターで現地に入ることにした。こうして二階は3時過ぎには神戸市の上空に到達していた。政治家のなかでは一番に現地入りしたことになる。ちなみに政府対策本部の責任者である小沢潔国土庁長官が現地入りしたのは、二階から遅れることおよそ1時間後の午後4時20分であったという。

二階は、ヘリコプターの機内から西岡に電話をかけ、随所に火事が起こり、街中が瓦礫《がれき》の山と化している神戸の惨状を子細に伝えた。

西岡からは、その日海外から帰国予定の小沢一郎が成田空港に到着次第、連絡を取るように指示を受けた。この日の午後3時過ぎに小沢はアメリカから帰国する予定だった。午後4時少し前、二階はヘリコプター内から携帯電話で小沢の自動車電話に連絡をした。小沢は直ちに現地入りする意向を示したが、今からでは神戸への到着が夜間になり、結局視察はできない。しかも小沢が来るとなれば、番記者も同行することになり、いっそうの混乱が起こりかねない。騒ぎが大きくなることを憂慮した二階は、その晩、自身がいったん東京に帰ることを伝え、翌朝、小沢のところに報告に行くことにした。

翌朝、二階は海部党首、小沢幹事長、西岡総合調整担当らに神戸の惨状を説明した。党として、できることは全力を尽くして実行することを確認し、海部党首を団長にした第2次調査団を派遣することを決め、二階は再び同行することとなった。二階は、その後も幾度となく現地を訪れている。

地震発生の3日後、1月20日に通常国会が召集。二階は、衆議院本会議で新進党の代表として地震についての緊急質疑に立つことになった。

二階の「地震を知ったのは、いつか」という質問に対する村山首相の答えは、「この地震災害の発生直後の午前6時過ぎのテレビで、まず第一に知りました。直ちに秘書官に連絡をいたしまして、国土庁等からの情報収集を命じながら、午前7時半頃には第一回目の報告がございまして、甚大な被害に大きく発展する可能性があるということを承りました……午前10時からの閣議におきまして非常災害対策本部を設置いたしまして、政府調査団の派遣を決めるなど、万全の対応をとってきたつもりです（原文のママ）」

というものであった。しかし、地震が発生した当日の午後1時少し前、村山首相は記者団の質問に対し、「7時半に秘書官から聞いた」とコメントしている。

おそらく7時半に知ったのでは都合が悪いとでも思ったのだろう。しかし、それにしても午前6時に知ったとして、午前7時半に報告を受けたということなら、その1時間半の間、いったい何をやっていたのだろうか。国家の最高責任者としての自覚がなさすぎると二階は思った。

総理大臣たるもの、国民の生命、財産をおびやかす戦争や災害の発生に対する危機管理は、常に考えていなければならないことのはずだ。ところが、当時の村山首相は、地震翌日の18日も朝から呑気に財界人と会食していたのである。

二階は、村山首相は自衛隊そのものに拘《こだわ》ったのではないかと考えている。たしかに当時の自衛隊法には、「自衛隊は知事からの要請がないと出動できない」と記されている。しかし、自衛隊の最高指揮官は首相である。必要となれば、災害対策基本法の105条に基づく各種の強制的な規制など、総理に権限を広く集め、効力のある「緊急災害対策本部」を早急に組織できるのだ（同法107条）。そうすれば大蔵大臣の了解なしに予備費の支出もできるし、とりあえず、食費などの資金的援助が迅速にできたはずなのだ。

もし、地震発生直後から村山首相をはじめとする政府与党がもっと機敏かつ迅速に対応していれば、少なくとも1000〜1500人の人命は救えたのではないかと二階は考えている。

災害救助だけではない。二階は震災発生の翌日の18日、新進党の海部党首とともに淡路島に入っている。その際、兵庫県の貝原俊民知事と会った。貝原は対応の難しさを訴えていた。それによれば、兵庫県内で30万人あまりの住人が避難所にいるが、実は避難所まで来られない人たちがその周囲には60万人以上はいるのである。その人たちの食事を確保しようとすると、1回に100万食、1日3食で300万食を毎日用意しないとならないというのだ。もし、政府が取りあえずの財政的な援助態勢を整えさえすれば、市長や町長は、食事以外にも重要な対応ができるというのだ。

ところが、当時の村山首相は自衛隊の発動を逡巡したまま「非常災害対策本部」

を設置しただけである。そもそも災害対策基本法は、1961年に池田内閣のもとで成立した。そのとき社会党は、この法案に執拗に反対した経緯がある。そのことが村山首相の頭の片隅にあったのではないかと二階は考えた。もしそうした経緯で救助活動が遅れたとすれば、首相としての義務を怠ったと指摘されても、言い訳はできない。

地震発生直後から自宅や家族も顧みず、ヘリコプターのエンジンを温め、いつでも飛び立てるようにしていた航空自衛隊の隊員は、その日1日待ち続けて無為に時間を過ごしていたのだ。

それでも、各知事からの要請により、遅ればせながら現地に入った自衛隊は、日夜涙ぐましい活動を展開し、一人でも多くの命を救おうとしていた。

そんな渦中の2月11日、二階は神戸市役所を訪れた。すると、市庁舎の壁に

『自衛隊のみなさん、御苦労さまです』

と記された貼り紙がかけられていたのだ。誰とも知らず貼られたそのメッセージを見て、二階はそれが、おそらく神戸市民の自衛隊の救助活動に対する本当の感謝

の気持ちなのだろうと思ったという。もし自衛隊に対する反感が少しでもあれば、おそらく直《す》ぐに破り捨てられていたはずだからだ。

現地では、兵庫県や神戸市等の職員が、いまだに不眠不休の状態で懸命になって復興作業にあたっていた。家にも帰らず、役所に寝泊りしている者も多い。そういう状況にあって、政治は今後の災害復旧の財源対策について迅速に決断しなければならない。にもかかわらず、村山政権は難しい問題をすべからく先送りしていた。

二階は震災から2ヵ月後の3月17日の災害対策特別委員会で質問に立っている。各省庁の説明委員に向かって、「財源手当てだけでもしてくれれば、あとは他人事のようにどんな方法でもやり方はある、と心で思っているのではないですか」と訴えた。

村山政権は、その時点でなお財源のプランを明示していない。そうなると現行の枠内の予算で収めることしかできない。大災害を受けた兵庫県の県庁の幹部でさえ、「中央の役所の壁は厚い」と訴えている。そこには、「政治はいったい何をしているのか」「もう、お見舞いの言葉などいらない」といった激しい憤りが込められていると二階は感じていたのだ。

ことは急を要するのだ。新進党側がこのことで内閣を攻撃すれば、予算の成立は先延ばしになり、大震災への対応も先延ばしになってしまう。だからこそ、新進党側は予算の審議に協力してきた。国会審議の時間をできる限り少なくして、総理大臣や閣僚以下、政府の幹部たちが国会に時間を取られることなく適切な現地対応ができるよう配慮してきたのだ。

結果的に、その年の予算は、早期成立を見ることができた。自民党は「これほど早く成立したことはない」と得意げに言うが、これは大きな勘違いである。思い返せば、1年前の細川政権時代に、自民党は国会の審議にまったく応じず、そのせいで予算編成が大幅に遅れていた。新進党側は、その反省をもとに、被災地のために是々非々で対応していこうと与野党の協力を呼びかけてきたのである。

しかし、村山政権は野党の存在をまったく無視しているかのように見える。いきなり国会にかけようとする法案の名称を、その日の夕方になって変更することもあった。村山自身が国会対策委員長の経験者であるのにこんなことが許されるのかと二階は村山首相に、詰問したことがある。すると村山首相は、「それは国会でお決めになることですから」と、平然と答えたという。野党や国民と協力して、この難局を乗り越えていこうという迫力も誠意も感じられなかった。

首相は、国のため、国民の安全を守るため、過去のしがらみなどにとらわれず、自分で決断しなければならない。そうしなければ災害対策も円滑に推進できないと考えた。

驚いたことに、村山首相は国会で、自身の内閣の対応を「万全の策だった」と答弁している。二階は今でもその言葉に激しい怒りを覚えるという。

自自連立政権に関わる

1996年は、それまで「法治大国」であった日本の危機管理を問われた一年となる。1月に起こった阪神・淡路大震災に続き、3月20日のオウム真理教による地下鉄サリン事件、この一連の事件に対しても、村山内閣の対応は遅きに失していた。緊急災害対策本部設置の怠りといい、経済対策といい、その緩慢な対応ぶりに二階は呆れていた。リーダーシップがまったくとれていないと感じていたのだ。確かに、自社さきがけ3党の連立政権という難しさもあるとはいえ、日本のリーダーとして甚だ心もとない状況であった。

そんななか二階は、年末の12月6日、〈小沢一郎君を党首にする会〉のメンバー27人とともに国会内で小沢一郎幹事長に会っていた。新進党党首選への立候補補を正式に要請したのである。二階はなんとしても小沢に出馬してほしいと考えていた。何も決めることのできない、閉塞状態に陥っている国会に危惧を抱いていたからだ。

即答を避ける小沢一郎に対し、2日後の12月8日、二階を含む〈小沢一郎君を党首にする会〉の主だったメンバーである藤井裕久、山岡賢次、伊藤英成《えいせい》らが顔を揃えて、再度小沢幹事長の出馬要請を行った。ここにきて、初めて小沢はその要請に応じる意向を示した。小沢いわく、重要な懸案を抱えている時期ではあるが、リーダーがどうあるべきか自問した結果、真剣に、かつ深刻に受け止めたいということだった。二階は知っていた。小沢の登板を期待する声は与党内にもあること、さらに米国政界にも小沢登板の日が来ると期待している空気があることを。

残念ながら、野党第一党となった新進党といえども、目立った成果を挙げているとは言い難い状況であった。与党生活が長かった自民党出身議員の多くは、法案を吟味することなく、一度提出されるとすぐに賛成する傾向にある。政府や役人の言いなりという印象もあった。今こそ新進党が政権を奪還し、国民に対して未来に向かって希望の持てる政治のビジョンを提示しなければならないのだ。

二階はそのリーダーとして、小沢一郎を党首に担ごうとした。その絶好の機会が今だと判断したのである。党首選に立候補することを承認する代わりに、小沢はいくつかの条件を提示した。1つめは、再選を目指しているとされた海部俊樹の了解を取ること。2つめに消費税率を将来的に10％に引き上げることなど、小沢が自著である『日本改造計画』に盛り込んだ政策の受け入れであった。

翌日の9日には、二階を含む国会議員20名からなる政策プロジェクトチームが編成され、税制や安全保障などの基本政策の検討が行われた。

その席で二階はこう主張した。

細川内閣時代に運輸政務次官を務めた経験から、国際空港建設などの事案について運輸省の考え方を聞き、また阪神・淡路大震災の復興計画についても、「明日の内閣」国土・交通政策担当として、さまざまな意見を建設省や運輸省の幹部と交わしたが、常に問題として立ちはだかったのはその財源の問題であった。財源の裏打ちなしには、どんな素晴らしい法案であっても実現は不可能である。政治家は学者と違って、実現可能な財源の裏付けを示さなければならない。小沢は主張した。「財源問題に触れることは、選挙に臨む国会議員にとって、とても辛いことかもしれない。しかし、達成することによって、国民生活を今よりも向上させることができることを、国民の皆さんによくわかっていただけるようにきっちりと説明する。政治家は、国民にそうした政策を提示することが最も大切ではないか」

この小沢の主張に対し、総会では、ほかのメンバーからも、いろいろな意見が出たが、その内容の如何を問わず共通していたのは、あえてこの時期に、将来的な見通しとはいえ、消費税率10％を提案する小沢の心意気を高く評価することであった。

1989年に消費税が創設されたとき、当時の竹下登首相は「高齢化への対応」と「財政再建」を掲げ、「国民に広く浅く、公平に負担していただく」と述べていた。国民から新しい税を取るのは大変な困難が伴う。消費税は導入まで10年かかり、その間に3つの内閣が倒れた。最初は大平内閣が1979年に打ち出した税率5％の「一般消費税」、次に中曽根内閣が税率5％の「売上税」法案を提出したが、いずれも批判を浴びて断念せざるを得なかった。竹下首相は税率を3％に引き下げたうえ、所得税、法人税、相続税の減税と抱き合わせて「増税ではありません」と説明し、消費税法を国会で成立させたが、このときも反対デモが全国に広がり、消費税導入とともに内閣総辞職している。

つまり、小沢の言わんとするところは、今すぐ消費税率を10％に上げようというのではなく、現状は3％を維持しながら、景気の回復に合わせて税率を上げていこうという考え方であり、その景気回復に向けて、当面は公債を発行し、地域格差を是正し、交通網・道路網を整備し、国際空港を増やし、日本国中を活性化させることが先決ということである。それが達成できたら、今度は住民税、法人税を見直し、国民全体を豊かにしていく。その先には、21世紀に向けて必ずやってくる高齢化社会への準備を怠りなく行うことが大切だという壮大なビジョンであり、グランドデザインであった。

小沢の意向を受けて編成された二階らの政策プロジェクトチームは、この小沢の政策を受け入れることを決めた。日曜日の夜にそのことを小沢に伝えると、朝までに立候補の要請に署名してくれた80名の議員たちに、確認を取ることを求められた。二階たちはそこから電話をかけまくり、週末で地元に戻っていた議員たちに、夜が明けるまでに了解を取り付けることに成功した。

週が明けた12月11日の月曜日、朝から飛行機で大阪に向かった小沢一郎に、二階は同行した。そして夕方4時、小沢は大阪市内のホテルで記者会見を行い、新進党の党首選に立候補することを正式に表明した。

二階は、大阪までの道中、空港や市中で小沢の人気ぶりを目の当たりにしていた。当時小沢は一般市民には絶大な人気があり、小沢を見た女性ファンからは黄色い歓声が上がるほどであった。あの強面《こわもて》の小沢のどこに女性は惹かれるのか。人気というのはわからないものだと二階は首をかしげた。

記者会見の席で小沢は、多くの同僚議員からの強い要望があったこと、そして海部俊樹党首から後継を託されたことを伝え、今こそ国民の暮らしを守るビジョンが求められていることを強調した。

12月16日に公示された党首選は、小沢一郎と羽田孜の一騎打ちとなった。

小沢陣営の選挙対策座長に就任することになった二階は、選対名簿を見つめて思ったという。根拠のないバラ色の未来を語って票を集めるのではなく、嘘をつかず正直に国民に語りかける小沢の言葉は、着実に有権者に届いている。本音で語りかけ、信頼を得ることがこの選挙の大きなパワーになっている、と。

このとき、国民は阪神・淡路大震災、地下鉄サリン事件、景気低迷などで大きな不安を感じていた。マスコミからは「剛腕」だの「独断先行」などと言われ、とかくマイナスなイメージが先行しがちだった小沢一郎だったが、国民はそんなときだからこそ、その小沢の手腕に期待しているのだと二階は感じたのだ。

新進党党首選の結果は12月27日に出た。結果は１２０万票を集めた小沢の圧倒的な勝利だった。

二階は、正月を故郷和歌山で迎えるべく地元に戻ると、後援会幹部に挨拶に回った。選挙対策座長だった二階は選挙期間中、まったく地元和歌山県には帰れなかったのだ。地元の情勢は、秘書や後援会幹部から電話で聞いていた。和歌山でも小沢支持の声が圧倒的に多いという報告は受けていた。

その際にある幹部から言われたのは、どうして、もっとたくさんの投票用紙を送ってくれなかったのかということであった。まだまだ投票したい人がたくさんいたというのである。二階の感覚では小沢支持票はすでに飽和点に達していると感じていたが、実はさらに伸びる余地があったのである。

小沢一郎の側近として小沢の党首選出に尽力するとともに、二階は、１９９６年

10月20日、第41回衆議院議員総選挙で新設された和歌山3区から立候補し、自民党〈清和研〉の現職だった野田実を破り、5連続当選を果たした。この選挙では、新進党は政権交代を目指し、野党第一党としては38年ぶりに衆議院議員定数の過半数の候補者を擁立したが、解散前議席に届かなかった。

こうして新進党党首となった小沢一郎は、その後自由党の党首となり、1998年11月19日、自民党の小渕恵三首相と連立政権を組むという歴史的な会談を行い、ついに自自連立が合意したのだ。しかし、政策協議はなかなか合意に至らず、連立解消かという声さえもすぐにささやかれ始めた。自由党の国対委員長となっていた二階俊博は危惧していた。

自由党と自民党の双方がそれぞれ勝手に言いたいことを言い続ければ、いずれは連立解消にもなりかねない。マスコミは、あたかも自由党が閣僚ポストを要求してごねているような内容の報道を繰り返していた。自由党は閣僚の数を減らせとは要求したが、閣僚の席を余分によこせとは言っていない。しかし世間ではあたかも小沢党首が小渕首相を恫喝《どうかつ》し、言いなりにさせようとしているような印象が広まっていた。おそらく、小沢と小渕の会談も好ましくない方向に向いてしまっているに違いなかった。

そんな最中、12月に入ると小沢のところに小渕から3回目の党首会談の要請があった。

巷《ちまた》では連日、自由党がポストを要求してごねている、という論調の報道が流れており、自由党内にも、連立政権を断念せざるを得ないという声が出始めていた。

小沢も、人事の話なら党首会談に応じられない、と12月28日の会談を延期するよう申し入れるという事態になっていく。

二階は思った。このままでは国民の理解が得られない。人事ではなく政策の論議を、それも国民に見える形でしなければ物事は前進しない。

そのことを二階は小沢に進言した。小沢は、二階の話を聞き、人事は除いて、政策中心の会談にならば応じることを承諾してくれた。

二階は、直ちに自民党の古賀誠国対委員長を通じて官邸側に、人事の話を抜きに、政策中心の党首会談をお願いしたいという趣旨を申し入れ、官邸側もそれを了承。

その日の夜9時に、小沢党首と小渕首相の二人だけの会談が行われた。40分以上にわたる会談であった。こうして連立崩壊の危機は免れたのだ。

１９９９年に入るとすぐに、自自連立政権は稼働し始めた。政策ごとのプロジェクトチームを作り、協議に入ったのである。

1月13日、二階らは自民党の古賀国対委員長、青木幹雄参議院幹事長と協議し、最終的に自民党の池田行彦政調会長、外務省の担当局長の加藤総合外交政策局長などを相手に小沢党首自らが個々の交渉を詰めることになった。そして、長らく懸案であった日米ガイドライン関連法案が最終的に合意したのである。

自自連立という大きな流れを作り出した過程を振り返ってみると、マスコミに掻き回されて人事ばかりに注目が集まり、肝心の政策協議でボタンの掛け違いになりかねないような事態もあった。それでも最終的には小沢党首と小渕首相の直接会談で合意を得、政策は前進することができたのである。

１９９８年11月19日に交わされた合意文書には、「自民党は自由党の提示した政策すべてを理解し、ともに実行するために共同の政権を担う」と書かれている。しかし自民党内には「合意文書は自由党の意見であり、必要と思われるものだけを順次議題にのせていけばいい」と解釈した人もいたという。

ところが、合意文書では、「政策の方向性で一致し、これを具体化し、予算は責任を持って年度内に成立させる」という約束を交わしている。議論の余地も、疑いを差し挟む余地もないのである。さらに、自由党内には、我々がこれまでのしがらみや過去のことをすべて脱ぎ捨てて連立の道を選ぶと決意したはずなのに、自民党の対応が遅く、温度差がありすぎるという不満の声もないことはなかった。自民党執行部は、自由党側のそうした指摘、あるいは不安に対して徐々に理解を示し、自自連立以外に道はない、という判断を下した。

考えてみれば、自民党は自由党より7倍も大きな政党であり、とかく決断、決定に時間がかかる傾向にあるのは仕方がない。多少のタイムラグはやむを得なかったと二階は考えていた。

小沢党首と小渕首相の会談が政策中心であり、人事に関して小沢が拘泥《こうでい》しなかったことは、最終的な自自連立政権の閣僚リストを見れば明らかである。

1月14日、自自連立政権が発足した。結局、自由党に割り振られた閣僚ポストは一つだけであり、野田毅幹事長が自治大臣として入閣したのみであった。

実は小沢党首は、小渕首相に2つのポストを要求したという。小沢党首は、野田幹事長と二階の2人を入閣させたいと考えていたのである。しかし閣僚数は3つ減り、自由党が２つのポストを得ることは事実上困難な状況になっていた。

　結果的に、二階は、自民党の古賀誠国対委員長やその他の自民党関係者からの強い要望もあって、引き続き自由党の国会対策委員長に留任することになった。これまで野党としての立場で推進してきた仕事が、逆方向の、予算案や重要法案を１日でも早く成立させることに注力するという立場になってしまったのである。

　小沢党首は二階にこう言ったという。

「私は選挙応援などで、何回も和歌山県に入っている。選挙区の人たちは二階さんの入閣を待ち望んでいることは十分すぎるほど理解している。二階さんには、今日まで党のためにさんざんご苦労をおかけしている。野田幹事長と２人で入閣してもらいたいと思っていた。次の機会に、あなたが入閣できるように努力しよう」

　そして二階俊博は、１９９９年の小渕第２次改造内閣のときに初めて、運輸大臣兼北海道開発庁長官として入閣を果たすのだ。

　しかし、２０００年４月、自由党の掲げた政策が実現されないとして連立解消を主張する小沢一郎の勢力（連立離脱派）と袂《たもと》を分かち、二階俊博は野田毅や扇千景《おうぎちかげ》ら連立残留派とともに保守党を結成する。自公保連立政権に参加した二階は小渕内閣を引き継いだ第1次森喜朗内閣で運輸大臣兼北海道開発長官に留任という形で就任した。さらに同年7月には保守党の国会対策委員長となる。2001年には扇千景が保守党党首を降り、野田毅に党首の座を譲った時点で保守党幹事長に就任した。

2002年には保守党の後継政党となる保守新党が誕生し、そこでも幹事長に就任したが、2003年11月9日の第43回衆議院議員総選挙で、保守新党代表の熊谷弘が落選する惨敗を喫し、そのまま自由民主党に吸収されることになった。

こうして、二階は保守新党の幹事長のまま、およそ10年ぶりに自民党へ復党することになった。

復党してから

自民党に復党した二階俊博は2005年5月、小泉純一郎首相の意向により、小泉の悲願でもあった郵政民営化に取り掛かり、自民党総務局長と兼任の形で衆議院郵政民営化法案を審議する特別委員会の委員長に就任した。郵政民営化法案の衆院通過に尽力するとともに、その8月に行われた郵政解散による第44回衆議院議員総選挙において選挙責任者となる総務局長として候補者の擁立などに奔走する。この選挙で自民党は圧勝し、二階はその功労者として高い評価を受ける。さらに結果的にではあるが、比例当選議員が中心とはいえ二階派の議員が増加し、これ以降、二階俊博は自民党内の政治的影響力を強めることになる。この功績によって自由民主党における総務局長の重みは大幅に増すことになった。

２００５年10月発足の第３次小泉改造内閣では経済産業大臣として入閣を果たす。経済産業大臣となった二階は中国と韓国が推すＡＳＥＡＮ＋３による東アジア自由貿易地域（ＥＡＦＴＡ）構想に対抗すべく、関税削減だけでなく投資や知的財産などについても話し合うべきとして２００６年４月７日、「二階イニシアティブ」（東アジアＥＰＡ、東アジア版ＯＥＣＤ、アジア人財資金）を提唱した。このことで二階俊博は中国、韓国を始めアジア全域にその存在感を大きく示すことになる。

同年９月には、小泉の自民党総裁任期満了に伴い安倍晋三が総裁に就任。民主党代表小沢一郎への対策として自民党国会対策委員長に任命される。さらに２００７年８月には党三役の一角である自民党総務会長に就任。２００７年９月14日、幹事長であった麻生太郎が総裁選挙に立候補したために、自民党役員会において２００

7年自民党総裁選期間中の幹事長職務を一任されることになった。これが実質的な幹事長の業務の初仕事となる。9月24日には福田康夫総裁が誕生し、引き続き総務会長として留任することが決まった。一方、国政においては、福田改造内閣で経済産業大臣に再任、2008年9月発足の麻生内閣では留任している。

二階自身は2009年8月30日に実施された第45回衆議院議員総選挙において、公明党の推薦も受けて9回目の当選を果たす。同年10月には自民党幹事長の下に新設された自民党選挙対策局長のポストに就任する。

しかし、二階自身が会長を務めていた〈二階グループ〉はこの総選挙で二階本人を除く衆議院議員全員が落選。参議院議員2名と合わせて総勢3名ということになり、もはや派閥の維持が困難となってしまった。そのため、11月5日に全員が伊吹文明率いる〈志帥会（伊吹派）〉へと合流し、同日付で二階グループは解消されることになる。

そして2012年12月、伊吹文明が衆議院議長に就任することになり、自身が率いる〈志帥会（伊吹派）〉の会長を退任。その後任として二階俊博が同派会長に就任することとなり、志帥会は伊吹派から二階派へと衣替えすることになった。

2013年、第2次安倍政権下で衆議院予算委員長に就任する。さっそく二階は自身の人脈を駆使し、与野党の議員と折衝を展開し、衆議院において驚異的とも言える短期間で予算案を通過させた。2014年9月になると、第2次安倍改造内閣発足と同時に行われた党役員人事において、自由民主党の党総務会長に再任される。

そして2016年8月3日の第3次安倍第2次改造内閣発足と同時に行われた党役員人事において、その直前に趣味の自転車走行中に転倒し、大怪我を負って入院してしまった谷垣禎一の後任として、いよいよ自民党幹事長に就任するのである。就任時の年齢は77歳と5ヵ月。歴代の自由民主党幹事長のなかで最高齢の就任であった。

野党時代の幹事長経験もあり、さらに豊富な人脈と自民党内随一ともいわれるネットワークを誇る二階俊博は、幹事長としての職務を強力かつ迅速に展開していく。

自民党における派閥の構造と歴史

さてここで、「派閥」について少し説明させていただく。

派閥というのは政策集団ともいわれる政党内の議員グループのことで、あくまでも非公式で私的な集団である。多くの場合、その発端は政策の「勉強会」であり、それが発展的に組織となったものと考えられる。一般企業でもよく「派閥」という言葉を耳にするが、それが事務所まで設けて独自に活動する例はほとんどない。その視点で見れば、自民党における派閥というのはかなり特殊な集団である。

自民党の派閥は、特に中選挙区時代は一つの政党に匹敵するほどの力を持っており、「領袖《りょうしゅう》」と俗称される派閥におけるトップに就任することが、自民党総裁への必然的な道だった時代もあった。

また「派閥」はほとんどの場合、表向きは政策集団（勉強会）を装っており、対外的にはそちらの名称を名乗るのが普通である。例を挙げれば、二階の属する〈志帥会〉のように、あからさまに〈二階派〉を名乗ることはほとんどない。多くの派閥では、定例会を木曜日に開くが、かつて田中角栄の派閥は〈木曜クラブ〉を名乗っていたことで知られている。

そもそも派閥が生まれた背景にあるのは、戦後に生まれた2つの大きな保守系政党である自由党（吉田茂）と、日本民主党（鳩山一郎）が、1955年に合体して自由民主党が誕生したことに遡る。この吉田茂の一派と、鳩山一郎の一派に、さらに日本民主党の前身となる改進党（三木武夫）の一派が加わり、自民党内で覇権争いが起こるのだ。そこから、まず吉田茂（自由党系）の後継が、池田勇人の〈池田派〉と佐藤栄作の〈佐藤派〉に分裂。さらに鳩山一郎（日本民主党系）の後継が岸信介の〈岸派〉と河野一郎の〈河野派〉に分裂。さらにそこに三木武夫の〈三木派〉が加わり、この5派が現在まで続く自民党派閥の源流である。

1955年の自由民主党結党自体が、視点を変えれば、吉田自由党と鳩山日本民主党という2つの大きな保守系政党の連立的な意味合いが強く、そもそも自民党自体が実質的には一つの政党というより2つの集団（派閥）によって構成される連合集団であったとも考えることが可能だ。

ちなみに、一般的な評価として吉田茂が率いる一派を「ハト派」、一方の鳩山一郎が率いる一派を「タカ派」とみなすのが一般的である。

選挙においては、1947年から1993年まで行われていた、一つの選挙区に

3～5名の当選者が割り当てられる中選挙区制で、自民党と社会党という2大政党が覇権を争っていた55年体制では、自民党は単独与党であったことから（1983年～1986年の新自由クラブとの連立を除く）、1選挙区で1名の当選者では過半数が維持できなかった。一つの選挙区で複数の当選者を獲得しなければならず、同じ選挙区で自民党同士が争うという図式が生まれることになった。表向きは、同じ政党ということで協力していながら、裏側では熾烈《しれつ》な票取り合戦が展開されていたのだ。

さらに、圧倒的な与党であった自民党の場合、最終的に総裁（＝総理大臣）を選ぶとなれば、党内における最大派閥であることが必須条件となるわけで、各派閥がそこに向けて火花を散らす構図が生まれることになった。

また、新人議員は当選回数を重ねるごとに派閥ごとの「重鎮」となり、やがては派閥を譲り受けたり、場合によっては反乱を起こして派閥を乗っ取ったり、あるいは分裂させたりしながら次の時代の領袖を目指していくことになる。ちなみに、自民党の初代首相である鳩山一郎から竹下登まで、歴代の首相は、急逝した大平正芳を引き継いだ鈴木善幸を除いてすべて領袖である。鈴木善幸も大平派の一員であり、後に大平派の領袖となっている。

ところが、この派閥政治の大きな後ろ盾となっていた中選挙区制は、1993年に発足した非自民連立内閣である細川護熙政権の推進した「政治改革」で、現行の小選挙区比例代表並立制に移行してしまう。さらに政党交付金が導入され、派閥ごとに行われていた資金集めができなくなってしまったのである。

その後、平成に入ると、宇野宗佑と海部俊樹と2人続けて領袖ではない総理大臣が誕生し、その後の宮澤喜一政権では自民党が野党に転落する事態となって、自民党の派閥は大きな転換期を迎えることになる。

このように書いてくると、派閥というのは諸悪の根源のように思われるが、派閥ならではの長所もある。とかく派閥の役割は資金援助、ポスト配分、選挙応援とされているが、とても大きな役割が新人議員の教育である。そもそもの成り立ちが「勉強会」であることから、定期的に代議士たちが集まって侃々諤々《かんかんがくがく》の論戦をすることになり、新人議員たちは先輩議員たちのその姿を見て、政治家としての自覚を身につけていくのだという。

ここで、1955年に自由党と日本民主党が合体して自由民主党が誕生した時代からの派閥の流れを示してみよう。派閥の源流となるのは吉田茂系と鳩山一郎系、そして改進党の三木武夫系に分類できるが、吉田系（自由党系）の後継が後に首相となった池田勇人と佐藤栄作の池田派と佐藤派。鳩山系（日本民主党系）の後継が岸信介と河野一郎の岸派と河野派。そこに三木武夫氏の三木派が加わった5派からそれ以降の派閥の流れは、

・池田派↓岸田派、麻生派、谷垣派
・佐藤派↓額賀派、石破派
・岸派↓細田派
・河野派↓二階派、石原派
・三木派↓山東派

と分類することができる。

それを前提に、今の自民党の派閥を紹介しよう（2020年10月時点）。

●清和政策研究会（細田派）
会長は細田博之元幹事長。所属議員は97名と党内最大派閥である。

清和政策研究会は1979年に福田赳夫《たけお》元首相によって設立された派閥で、森喜朗、小泉純一郎、安倍晋三、福田康夫といった総理大臣を2000年代に輩出している。主な所属議員は西村康稔経済再生対策担当大臣、世耕弘成参院幹事長、萩生田光一文科大臣、稲田朋美元防衛大臣など。下村博文政調会長や柴山昌彦議員など、文科大臣経験者が多いという特徴がある。

●志公会（麻生派）

会長は麻生太郎副総理兼財務大臣で、所属議員は56名。

志公会は為公会（麻生派）、番町政策研究所（山東派）、天元会（佐藤グループ）が合流して2017年に設立された。主な所属議員は鈴木俊一前総務会長、甘利明税調会長、田中和徳前復興大臣、今井絵理子内閣府政務官などで、大島理森衆議院議長、山東昭子参議院議長、衆参両院の議長も輩出している。

●平成研究会（竹下派）

会長は竹下登元首相の弟である竹下亘元総務会長で、所属議員数は54名。

平成研究会は1987年に経世会として設立され、橋本龍太郎、小渕恵三といった総理大臣を輩出している。茂木敏充外務大臣、加藤勝信官房長官のどちらかが派閥の後継者と目されている。2020年の総裁選では、安倍晋三を支持する議員（衆議院）と石破茂を支持する議員（参議院）が存在し、派閥内で対応が分かれていた。所属議員は小渕優子元経産大臣、新藤義孝元総務大臣、佐藤正久元外務副大臣、小野田紀美議員など。

●志帥会（二階派）
会長は二階俊博で、所属議員数は47名。

志帥会は1999年に設立され、二階幹事長の会長就任後は他党出身議員を勧誘し入会させるなど、拡大路線が進んでいる。主な所属議員は中曽根弘文元外務大臣、伊吹文明元衆議院議長、河村建夫元官房長官、武田良太総務大臣など。また、細野豪志元環境大臣、鷲尾英一郎議員など、民主党出身議員も複数所属している。

●宏池会（岸田派）

会長は岸田文雄政調会長で、所属議員数は46名。

宏池会は1957年に設立された、党内で最も歴史のある派閥である。これまで、池田勇人、大平正芳、鈴木善幸、宮澤喜一といった総理大臣を輩出してきた。主な所属議員は竹本直一IT担当大臣、小野寺五典元防衛大臣、木原誠二政調副会長、小林史明青年局長など。

●水月会（石破派）

石破茂元幹事長が会長を務めていたが、総選挙で結果を出せなかった責任を取り、2020年10月、辞任を表明。所属議員数は19名。

水月会は2015年に設立された新しい政策集団である。規模は小さいが、当選回数3回で入閣した経験のある議員が2人もいるなど、少数精鋭の派閥と言える。主な所属議員は鴨下一郎元環境大臣、齋藤健元農水大臣、山下貴司元法務大臣、平将明内閣府副大臣など。

●近未来政策研究会（石原派）

石原伸晃元幹事長で、所属議員数は11名。

近未来政策研究会は1998年に山崎グループ37名によって結成された。派閥を抜ける議員も少なくなく、存在感が低迷していると言われている。主な所属議員は野田毅元建設大臣、森山裕国対委員長、石原宏高環境副大臣など。

第六章
歴代幹事長の系譜

自由民主党としての幹事長の歴史は、鳩山一郎総裁時代の岸信介に始まる。自由民主党の前身となる自由党の時代には吉田茂総裁のもと、佐藤栄作が幹事長を務めていたが、その佐藤が造船疑獄の強制捜査（1954年）で収賄罪に問われると、吉田首相が法務大臣だった犬養健《たける》に働きかけて逮捕を延期させた経緯があった。これは自由民主党としての出来事ではなかったことから、本書では佐藤栄作を初代幹事長とはしていない。本章では、自由民主党としての初代幹事長である岸信介から話を始めたいと思う。

初代・岸信介《きしのぶすけ》（総裁＝鳩山一郎）

1896年山口県生まれ。東京帝國大学法学部卒。

「名にかへて このみいくさの 正しさを 来世までも 語り残さむ」

第2次世界大戦後にA級戦犯として逮捕され、巣鴨プリズン（巣鴨拘置所）に拘置された岸信介が獄中で詠《よ》んだ詩である。投獄されたA級戦犯のなかには自殺する政治家や軍人もいたが、岸は「我々は戦争に負けたことに対して日本国民と天皇陛下に対する責任はあるが、米国に対しての責任はない。だが勝者が敗者を裁くのだからどのような法律のもとに罰しようが、負けたからには仕方がない」という趣旨の発言をしていた。

東京裁判において岸が開戦当時の1941年11月29日に行われた、開戦を実質的に決めた大本営政府連絡会議の共同謀議に参加していなかったこと、即時停戦講和を求め、東条英機内閣を閣内不一致で倒閣させた功労者であること、戦後、日米の親善に尽力した元米国駐日大使ジョセフ・グルーなどから絶対的な信頼を得ていたことなどの事情が考慮され、東条ら7名のA級戦犯が処刑された翌日の1948年12月24日、岸信介は不起訴のまま無罪放免された。

岸が獄中で書いた『断想録』には、戦後の日本は海国として再出発すべきという趣旨の記述があり、「日本をこんなに混乱に追いやった責任者の一人として、政治家として再度、日本の政治を立て直し、残りの生涯をかけてもどれくらいのことができるかわからないけれど、せめてこれならと見極めがつくようなことをやるのは務めではないか」と岸自身の戦後の政治復帰を戦争の贖罪《しょくざい》として考えていたという。

1954年に誕生した第1次鳩山一郎内閣のときに、鳩山が総裁を務める日本民主党と吉田率いる自由党（この時点の総裁は緒方竹虎）を基盤に保守合同の自由民主党が誕生。その初代幹事長となるのが岸信介なのである。石橋湛山を挟んで1957年2月25日、岸は巣鴨拘置所を出てわずか9年で第56代内閣総理大臣に就任。「昭和の妖怪」と称された。

1987年没。享年90。


第2・3代、第9・10代・三木武夫《みきたけお》（総裁＝石橋湛山→岸信介／池田勇人→佐藤栄作）

1907年徳島県生まれ。明治大学法学部卒。

三木武夫は、戦時中からいわゆる〈大政翼賛会〉とは完全同調はせず、選挙においても〈大政翼賛会〉からの推薦は得られない立場だった。終戦直前の1946年4月の第22回衆議院議員総選挙において無所属で当選した三木は、一時期、岸信介同様に公職追放になりそうになったが、三木を親米的な人物とする見方もGHQにはあり、追放除外となっている。

１９５６年12月14日に行われた第3回自民党大会の総裁選で、第1回投票で1位となったのは岸信介だったが、票獲得が過半数に足りなかったことから石橋湛山との決選投票となり、わずか7票差で石橋が総裁に当選する。岸は、党内融和に協力することを条件に石橋に対して外務大臣のポストを要求した。かろうじて総裁選に勝った石橋はそうした動きに配慮せざるを得ず、党人事、組閣は難航した。こうして誕生した石橋内閣において、三木は石橋総裁から幹事長に指名された。

三木は１９６４年、池田勇人首相のもとで再度自由民主党幹事長を務めている。石橋の後の岸内閣、池田内閣、佐藤内閣でも入閣を果たしているが、岸政権時代には60年安保（＝安保改定問題）に批判的な立場を取り、佐藤政権下では沖縄返還の方式に反対して外務大臣を辞任するなど、気骨ある政治姿勢で知られた。佐藤栄作とは2回、自民党総裁選を争ったがいずれも敗れている。さらに１９７２年には田中角栄、福田赳夫、大平正芳と、自身3回目の総裁選を戦ったが敗退。ところが１９７４年に田中角栄総裁がロッキード事件で失脚、副総裁であった椎名悦三郎の推薦を得て総裁となり、三木内閣が誕生した。党内の少数派であったが、ロッキード事件の徹底解明など政治浄化には大きな功績を残している。１９７６年の総選挙は敗退の責任を負い退陣している。
1988年没。享年81。

第4・6代・川島正次郎《かわしましょうじろう》（総裁＝岸信介）

1890年千葉県生まれ。専修大学経済学科卒。

1928年の総選挙で〈立憲政友会〉から初当選。それまでは内務省官僚、東京日日新聞（現毎日新聞）記者、後藤新平東京市長秘書などの経験を持つ。戦時中は大日本政治会情報部長を務めていた。戦後は鳩山内閣の自治庁・行政管理庁長官（1955年）、池田内閣の北海道開発庁・行政管理庁長官（1961年）、さらに五輪担当大臣（1962年）を歴任。この間1957年に自民党幹事長に就任し、〈川島派〉を率いて河野一郎、大野伴睦《ばんぼく》とともに自民党の指導者として威をふるった。〝政界の寝技師〟という異名を持ち、池田内閣誕生、佐藤総裁4選工作の立役者となった。1968年、米国に沖縄返還を決定させた際の立役者といわれている。
1970年没。享年80。

第5・12代・福田赳夫《ふくだたけお》（総裁＝岸信介／佐藤栄作）

1905年群馬県生まれ。東京帝國大学法学部卒。元大蔵官僚。主計局長時代の1948年、昭和電工事件で起訴されるが無罪となっている。1952年に衆議院議員に当選。1959年岸信介政権のもとで自由民主党の幹事長を務めた。佐藤栄作内閣時代にも党幹事長を務め、さらに大蔵大臣、外務大臣等を歴任している。1973年に起こった石油危機の際には、急逝した愛知揆一に代わって大蔵大臣となり、狂乱物価の抑制に辣腕《らつわん》を振るった。1976年12月には自民党総裁となり首相となっている。1978年8月には日中平和友好条約を締結するなど大きな功績を残したが、同年11月の自民党総裁選挙に敗れ、同12月退陣した。

1995年没。享年90。

第7代・益谷秀次《ますたにしゅうじ》（総裁＝池田勇人）

1888年石川県生まれ。京都帝國大学法科大学卒。地裁の判事から弁護士となった後、1920年の総選挙で当選。戦時中から鳩山一郎と行動をともにし、戦後は鳩山とともに自由党の結成に参加している。第1次吉田内閣では政務次官として吉田に尽くし、第2次吉田内閣では建設大臣、党総務会長、さらに第2次岸内閣で副総理を務めている。当時は大野伴睦、林譲治とともに〝党人御三家〟といわれていた。吉田内閣退陣後は〈池田派〉に属し、1955年3月には保革双方から推されて衆院議長に就任する。その後、第2次岸内閣の副総理、行政管理庁長官などを歴任し、1960年の池田内閣発足と同時に自由民主党の幹事長となった。

1973年没。享年85。

第8代・前尾繁三郎《まえおしげさぶろう》（総裁＝池田勇人）

1905年京都府生まれ。東京帝國大学法学部卒。

もともとは大蔵省官僚。戦前は二階の郷里である和歌山の税務署長を務めたこともある。戦後は主税局長、造幣局長などを歴任し、1949年の総選挙で吉田茂率いる民主自由党から衆院議員に当選した。第1次岸内閣では通商産業大臣、第3次佐藤内閣では法務大臣を歴任し、その後衆議院議長（1973年5月～1976年12

月）を務めた。自民党幹事長を3期務めている。1980年からは党最高顧問となった。

1981年没。享年75。

第11・13代・田中角栄《たなかかくえい》（総裁＝佐藤栄作）

1918年新潟県生まれ。二田高等小学校卒。

幹事長時代の話は別項に譲るが、戦後日本を代表する立志伝中の人物である。1918年に新潟県刈羽郡（現柏崎市）の農村地帯に生まれた。高等小学校卒業と同時にわずか15歳で上京。工事現場で働きながら中央工学校（夜間学校）を卒業するが、1939年に召集され陸軍に入隊し満州に送られる。そこで肺炎を患い除隊処分となり、帰国すると1943年に田中土建工業を設立する。終戦を朝鮮半島で迎えると帰国し、1947年に2度目の挑戦で衆議院議員に初当選する。そこから地元新潟の交通関連企業などに関与しながら政治家としての足場を固めた。岸信介内閣時に郵政大臣として初入閣。その後、池田勇人内閣と佐藤栄作内閣では、大蔵大臣、通産大臣、自民党政調会長などを歴任した。幹事長になったのは佐藤栄作総裁のときである。

「今太閤」「庶民派宰相」などと呼ばれ、著書の『日本列島改造論』もベストセラーとなり、中国との外交を推進し、多くのファンを獲得したが、かのロッキード事件で失脚すると負の側面が強調されていく。しかし失脚後も自民党内では大きな力を保持し続け、「闇将軍」などとも呼ばれた。田中角栄を再評価する動きも高まっており、歴史に残る政治家の一人であることは間違いない。

1993年没。享年75。

第14代・保利茂《ほりしげる》（総裁＝佐藤栄作）

1901年佐賀県生まれ。中央大学経済学部卒。

元報知新聞、東京日日新聞記者。終戦直前の1944年に佐賀県の補欠選挙で初当選、衆議院議員となる。戦後には公職追放を受けたが、1949年に解除されると日本民主党の幹事長として民主自由党との保守合同を推進し、1950年に自由党を誕生させた立役者となる。吉田内閣では労働大臣、佐藤内閣では建設大臣、官房長官などを歴任、そして自民党幹事長となる。第2次田中内閣では行政管理庁長官、その後衆議院議長（1976～1979年）となる。佐藤派幹部として長らく政局に影響を与えた。

1979年没。享年77。


第15代・橋本登美三郎《はしもととみさぶろう》（総裁＝田中角栄）

1901年茨城県生まれ。早稲田大学政治経済学部卒。

元朝日新聞社記者、故郷である茨城県潮来《いたこ》町の町長を経て、1949年衆議院議員に初当選。第1次池田内閣・第1次佐藤内閣では建設大臣、第3次佐藤内閣では運輸大臣などを歴任。1970年の「よど号ハイジャック事件」では、犯人と交渉し、自らが人質の身代わりになることを名乗り出た。そして、田中角栄総裁のもとで自民党幹事長となっている。田中角栄とともにロッキード事件で有罪判決を受け、1980年の総選挙では落選。その後、上告中に亡くなっている。

1990年没。享年88。

第16代／23・24代・二階堂進《にかいどうすすむ》（総裁＝田中角栄／鈴木善幸→中曽根康弘）

1909年鹿児島県生まれ。南カリフォルニア大学大学院卒。

戦前に中学を卒業後に渡米して、南カリフォルニア大学を卒業した国際人。帰国後、戦時中に〈大政翼賛会〉の推薦を受けずに総選挙に立候補したが落選している。その後、外務省嘱託、さらに海軍司令官を務めている。戦後1946年に衆議院議員に初当選する。科学技術庁長官を経て1972年第1次田中内閣の官房長官を務め、その後幹事長となった。田中角栄の側近の一人として日中国交正常化にも大きな役割を果たした。「趣味は田中角栄」と公言するほどの田中角栄の腹心の一人であったことから、ロッキード事件においては灰色高官と揶揄《やゆ》された。

1980年に自民党総務会長となり、鈴木内閣、それに続く第1次中曽根内閣で再度幹事長となっている。外交通であり、親米派の代表代議士である。母校・南カリフォルニア大学の名誉博士号を贈られている。新日本プロレスのコミッショナーも務めた。

2000年没。享年90。

第17代・中曽根康弘《なかそねやすひろ》（総裁＝三木武夫）

１９１８年群馬県生まれ。東京帝國大学法学部卒。

終戦時は海軍主計少佐であった。１９４７年に衆議院議員総選挙に初当選。第２次岸内閣の科学技術庁長官として初入閣すると、１９６６年には〈中曽根派〉を結成する。運輸相、防衛庁長官、通産相などを歴任し、１９７４年に幹事長となる。１９８２年には首相となり、国営であった国鉄、電電公社、日本専売公社、日本航空の民営化を行う。ロン＆ヤスで知られるレーガン米大統領との関係は有名で、日米関係を強固なものとした。

２０１９年没。享年１０１。

第18代・内田常雄《うちだつねお》（総裁＝三木武夫）

１９０７年山梨県生まれ。東京帝國大学経済学部卒。

元大蔵官僚。１９５２年に初当選。第３次佐藤内閣で厚生大臣を務め、第２次田中内閣では経済企画庁長官を務めた。１９７６年、三木武夫総裁時の自民党幹事長となる。この指名が予想外だったことから、就任会見で「マンホールに落ちた気分だ」と心境を言葉にしたことで、マンホール幹事長とあだ名をつけられる。その後自由民主党は〈三木派〉と反〈三木派〉に分裂し政権抗争が激化。内田は党幹事長として事態を収拾した。

１９７７年没。享年70。

第19代・大平正芳《おおひらまさよし》（総裁＝福田赳夫）

１９１０年香川県生まれ。東京商科大学（現一橋大学）卒。元大蔵官僚。池田勇人が大蔵大臣時代に秘書官を務め、１９５２年に初当選。池田内閣時代の１９６２年には外務大臣、佐藤栄作内閣では党政務調査会会長、通産大臣を歴任し、１９７２年の田中角栄内閣では外務大臣に就任し、日中国交回復を実現させたことで知られる。１９７４年に大蔵大臣になると、続く三木内閣でも大蔵大臣を務めた。その後福田内閣時に党幹事長に就任する。１９７８年の総裁選に勝利し、第68代首相となる。「あ〜、う〜」で有名。

１９８０年没。享年70。

第20代・斎藤邦吉《さいとうくにきち》（総裁＝大平正芳）

１９０９年福島県生まれ。東京帝國大学法学部卒。元内務省官僚。初当選は１９５８年。第２次田中内閣および鈴木内閣では厚生大臣、第１次中曽根内閣では行政管理庁長官を務める。１９７８年には大平正芳総裁のもとで自民党幹事長となった。幹事長として〝自民党40日抗争〟の際には辣腕をふるい、難局を乗り切った。

１９９２年没。享年82。

第21・22代・櫻内義雄《さくらうちよしお》（総裁＝大平正芳→鈴木善幸）

１９１２年東京府生まれ。慶應大学経済学部卒。召集されたが除隊後に大蔵大臣だった父・櫻内幸雄の私設秘書となり、さらに民政党の桜井兵五郎の秘書となる。同時に日本電化を経営する。１９４７年に初当選。１９６４年に通商産業大臣に就任すると、続いて農林大臣、建設大臣、国土庁長官、外務大臣を歴任。大平正芳総裁が急逝するなか行われた１９８０年の衆参同日選挙では、混乱する自民党内を幹事長として見事に取りまとめ大勝に導いた。大平総裁の後を継いだ鈴木善幸総裁のもとでも幹事長を務めている。
2003年没。享年91。

第25代・田中六助《たなかろくすけ》（総裁＝中曽根康弘）

1923年福岡県生まれ。早稲田大学政治経済学部卒。元日本経済新聞社ロンドン支局長、政治部次長。1963年初当選。大平内閣では官房長官、鈴木内閣では通産大臣を務め、その後自民党副幹事長を2期、そして1983年に幹事長となった。同じ〈鈴木派〉である宮澤喜一とは犬猿の仲で、対立する毎に〃一・六戦争〃と評された。三木武夫や福田赳夫に「頭のボケた連中」と発言するなど失言が多く、「おしゃべり六さん」と呼ばれる。
1985年没。享年62。

第26代・金丸信《かねまるしん》（総裁＝中曽根康弘）

1914年山梨県生まれ。東京農業大学農学部卒。日東工業、大平醸造などの社長を経て1958年に初当選。第2次田中内閣で建設大臣として初入閣、その後も国土庁長官、防衛庁長官、衆議院行政改革委員長を歴任する。4回務めた国対委員長としての経験を生かし与野党のパイプ役となり、その調整力には定評があった。1984年自民党幹事長となる。1991年党副総裁となったが、1992年に東京佐川急便事件が発覚し副総裁を辞任。同年10月には違法献金と暴力団との関係が取り沙汰され衆院議員を辞職、同時に〈竹下派〉会長も辞任した。

1996年死去。享年82。

第27代・竹下登《たけしたのぼる》（総裁＝中曽根康弘）

1924年島根県生まれ。早稲田大学商学部卒。学徒動員で陸軍飛行隊に入りそのまま終戦。地元で学校教員、自民党島根県連青年団長、島根県議を経て1958年に初当選。第1次中曽根内閣発足から4期連続大蔵大臣を務めた。先進5ヵ国蔵相会議（1985年）で〝プラザ合意〟に加わる。1985年に〈創政会〉を旗上げ。1986年に幹事長となる（中曽根康弘総裁）。1987年7月に113人を率いて〈竹下派〉を結成すると、11月には竹下内閣を発足させる。税制改革に取り組み1992年に消費税導入を実現。〝ふるさと創生〟事業で全国の市町村に一律1億円を交付した。昭和天皇崩御に伴い新元号〝平成〟を定めた。その後〝リクルート事件〟をきっかけに退陣（1989年）したが自民党の最高顧問となり、政界引退後は〝平成の語り部〟と自ら名乗り、〈竹下派〉オーナー、〈小渕派〉創設者として政界への影響力を保ち続けた。

2000年没。享年76。

第28代・安倍晋太郎《あべしんたろう》（総裁＝竹下登）

1924年東京府生まれ。東京帝國大学法学部卒。衆議院議員安倍寛の長男。毎日新聞社に勤務ののち、同郷の岸信介の長女洋子と結婚し、岸の秘書官となった。初当選は1958年。その後、農林大臣、通商産業大臣、外務大臣および党の要職を歴任。竹下登、宮澤喜一、渡辺美智雄とともに「ニューリーダー」と呼ばれた。その後、福田赳夫から派閥を引き継いだ自由民主党総裁選挙（1987年）では、中曽根康弘内閣総理大臣の裁定により竹下が選出され、安倍本人は自民党幹事長となった。晩年はリクルート事件への関与が発覚し党幹事長を辞任している。

１９９１年没。享年67。

第29代・橋本龍太郎《はしもとりゅうたろう》（総裁＝宇野宗佑）

１９３７年東京都生まれ。慶應大学法学部卒。

父は政治家である橋本龍伍。初当選は１９６３年で最年少の26歳であった。第１次大平内閣（１９７８年）で厚生大臣として初入閣、さらに運輸大臣、大蔵大臣、通商産業大臣などを歴任し、宇野宗佑総裁のもとで自由民主党幹事長となる。第82代内閣総理大臣に就任（１９９６年）したが１９９８年の参議院選挙で自民党が大敗。その責任を取る形で辞任した。首相時代は沖縄県のアメリカ軍普天間飛行場返還の日米合意を実現し、北方領土問題にも力を振るった。

２００６年没。享年68。

第30代・小沢一郎《おざわいちろう》（総裁＝海部俊樹）

１９４２年岩手県生まれ。慶應大学経済学部卒。

初当選は日本大学大学院在学中の27歳（1969年）。亡父で元建設大臣の小沢佐重喜の跡を継いだ。田中角栄に寵愛され、「オヤジ」と呼んでいた。その後、〈創政会〉の結成に参画した。竹下政権発足後は政調副会長、総務局長、議員運営委員会委員長、国家公安委員長、自治大臣を歴任し、竹下内閣の副官房長官となる（1987年）。海部俊樹総裁のもとで自由民主党幹事長に就任（1989年）。現在、自由党代表。2019年に衆議院議員在職50周年を迎えている。

第31代・小渕恵三《おぶちけいぞう》（総裁＝海部俊樹）

1937年群馬県生まれ。早稲田大学第一文学部卒。

衆議院議員の小渕光平の次男。初当選は早稲田大学大学院在学中（1963年）。大平正芳内閣で総理府総務長官・沖縄開発庁長官として入閣（1979年）。自由民主党副幹事長（1984年）、竹下登内閣においては内閣官房長官（1987年）となる。昭和天皇崩御に伴う改元（1989年）では新元号「平成」のパネルを掲げ「平成おじさん」と呼ばれた。海部俊樹総裁のときに自民党幹事長となる（1991年）。その後第18代自民党総裁に選出され、第84代内閣総理大臣になるも首相公邸で行われた小沢一郎との長時間にわたる交渉（２０００年４月）の直後、体調不良を訴え緊急入院。自らが開催を決定した第26回主要国首脳会議（九州・沖縄サミット）の実現を見ずに死去した。

２０００年没。享年62。

第32代・綿貫民輔《わたぬきたみすけ》（総裁＝宮澤喜一）

１９２７年富山県生まれ。慶應大学経済学部卒。

元富山県会議員。衆議院初当選は１９６９年。第３次中曽根内閣において国土庁長官兼北海道・沖縄開発庁長官（１９８６年）、第２次海部内閣において建設大臣（１９９０年）。宮澤喜一総裁の時代に自民党幹事長を務める。２０００年に衆議院議長に就任したが、郵政民営化法案に反対して自民党を離党（２００５年）。国民新党の代表となる。

第33代・梶山静六《かじやませいろく》（総裁＝宮澤喜一）

１９２６年茨城県生まれ。日本大学工学部卒。

元茨城県議。初当選は1969年。通産政務次官、衆院商工委員長などを歴任し、1985年には〈竹下派〉の結成に加わる。竹下内閣に自治大臣として初入閣、その後通産大臣、法務大臣を歴任し、宮澤喜一総裁のときに自民党幹事長となる（1992年）。その後、第1・第2次橋本内閣では官房長官を歴任した。

2000年没。享年74。

第35代・三塚博《みつづかひろし》（総裁＝河野洋平）

1927年宮城県生まれ。早稲田大学第一法学部卒。

宮城県議を2期務めた後、1972年に衆議院議員に初当選。自民党国鉄再建小委員会（三塚委員会）の委員長として国鉄改革に手腕を発揮。中曽根内閣において運輸大臣として初入閣（1985年）し国鉄の分割民営化を実現させた。竹下改造内閣では通商産業大臣（1988年）、宇野内閣では外務大臣（1989年）、そして海部総裁のもとで党政調会長となる。塩川正十郎、森喜朗、加藤六月と並んで〈安倍派〉の〝四天王〟と呼ばれた。〈三塚派〉の領袖となり自民党総裁選に出馬するが敗退し、宮澤総裁のもとで再び政調会長を務めた。自民党が下野していた時代、河野洋平総裁のときに自民党幹事長となる（1995年）。

2004年没。享年76。

第36代・加藤紘一《かとうこういち》（総裁＝橋本龍太郎）

1939年愛知県生まれ。東京大学法学部卒。

政治家である加藤精三の五男。初当選は1972年、父の地盤を受け継いだ。第2次中曽根内閣において防衛庁長官（1984年）。その後リクルート事件で役職を辞任したが、宮澤内閣の官房長官となり（1991年）、1995年に橋本龍太郎総裁のもとで党幹事長となった。支持率の低下に喘《あえ》ぐ森首相の不信任案に同調し、森喜朗首相の退陣を求めて「加藤の乱」を起こし、これにより〈宏池会〉が分裂した（2000年）。

2016年没。享年77。

第38代・野中広務《のなかひろむ》（総裁＝森喜朗）

1925年京都府生まれ。旧制京都府立園部中学校卒。

国鉄職員、園部《そのべ》町長、京都府議会議員を経て1983年に57歳で初当選。自社さ連立の村山政権で自民党が政権に復帰すると、自治大臣兼国家公安委員長として初入閣(1994年)。小渕内閣では官房長官を務め(1998年)、1999年の自自公連立政権樹立の際には大活躍をした。脳梗塞で倒れた小渕恵三首相の後継として、森喜朗自民党幹事長を密室での談合で選んだ5人組の一人として批判された(2000年)が、その森喜朗総裁のもとで自民党の幹事長となった。自らの差別体験を語り続け、差別問題と闘い続けた。

2018年没。享年92。

幹事長経験者インタビュー

第34・37代（総裁＝河野洋平／小渕恵三）

森喜朗《もりよしろう》

1937年石川県生まれ。早稲田大学商学部卒。

大学ではラグビーに熱中するが病気で挫折、早稲田大学雄弁会に入り、政治の道を志すようになる。卒業後は産業経済新聞社に勤めるが、62年、愛媛県から選出された代議士の秘書になるために退社し、69年、32歳のときに石川県から立候補して、衆議院議員総選挙に初当選。当選には岸信介元首相の力添えが大きかった。福田赳夫内閣のときに官房副長官、83年第2次中曽根内閣において文部大臣として初入閣。98年に発足した小渕内閣で幹事長に就任した際には旧〈安倍派〉を継承し、〈森派〉を形成。2000年、急死した小渕首相に代わって内閣総理大臣に任命される。当選14回で引退、20年現在、東京オリンピック・パラリンピック組織委員会会長。

「二階氏は、私たちが先を読んでもなかなか言い出せないところを、先陣を切って素早く打ち出せる、その勘所が素晴らしい方ですね」

――初当選のときの総裁はどなたでしたか？

32歳で当選したときの政権は佐藤栄作氏で、幹事長は田中角栄氏でした。私は非公認の無所属候補でした。しかし公示の1週間ほど前でしたか、石川県まで岸信介前総理が応援に来てくださいました。ありがたかったし本当に嬉しかったですね。

――幹事長時代の思い出は？

私は2度幹事長をやりました。1回目は河野洋平総裁時代で、自由民主党が野党になったときです。そして2回目が小渕恵三総裁のときですね。

1回目のときはとにかく政権奪還がすべてという感じで、どうやって与党に戻るのかが最大のテーマでしたね。時あたかも多くの仲間が離れていき、大変な思いをいたしました。まあ、自分の都合で党をやめたり、戻ったり、あるいは派閥を出たり入ったり、ゴキブリぞろぞろといった時代だったのでしょう。出る者は追わずでしたが、どうも私には納得がいかないことが多かったですね。

――二階氏も党を離れましたが……。

そんななかで、政向が混乱をしている状況を上手く静める手腕がありましたからね。

――森さんが幹事長時代に小渕氏が亡くなられましたね。

小沢一郎氏は小渕氏と自自連立政権をやろうとしましたが、当時、自由党の国会対策委員長だった二階氏は、交渉がうまくいくように古賀誠氏と一緒に随分動いてくださいましたね。しかし小沢氏は無理難題を小渕氏に押しつけました。何時間もの話し合いの後、もの別れに終わりました。その記者の囲み取材中に小渕氏は言葉が出なくなり、倒れられたのです。その直前に、私は小渕氏がかなりお疲れでしたので、会談を打ち切るように申し上げたのですが、残念です。

――結局会談は決裂しました。

私は自由民主党の党本部に帰っていたのですが、小渕氏にぶら下がり取材（正式な記者会見ではなく、記者が囲んでの立ち話のような形式でインタビューする取材のこと。囲み取材とも言う）に立ち会うように頼まれて、幹事長は党の運営が仕事ですから、今後の党運営にも関わるとのことで、首相官邸でのぶら下がりの取材に立ち会っておりました。小渕首相は言葉が出なかったり、声が詰まったりしていました。それで二人目の質問のときだったと思いますが「総理、少し休まれたらいかがですか」と取材を止めたのです。小渕氏も「そうだな」とインタビューを切り上げ、官邸から総理公邸への階段を下りていかれたのですが、その足取りがおぼつかなかったのを鮮明に覚えています。結局その後ろ姿が私との最後になってしまいました。学生時代からの50年以上の長いお付き合いでしたから、とても残念です。

――その夜、小渕氏は順天堂病院に入院されたのですが、そのまま面会謝絶で亡くなってしまいました。

その後、自由党との対応をどうするかということを党5役で話し合っているときに、小渕さんの回復は無理ということで、みなさんのご意見で私が次の総裁になったのです。

それで、自由党から二階俊博氏、海部俊樹氏、野田毅氏などが離れ、自由民主党が議席を確保することができたのです。衆議院は数的に足りたのですが、参議院が足りない。そこで扇千景さんを党代表に担ぐことになったのです。それが保守党との連立と扇千景保守党党首誕生の背景なのです。あのとき、海部氏も手を挙げたのですが、自由民主党本部総裁室に肖像の額を戻したいのなら、ここは自重してくださいと申し上げました。

扇さんが党首になるということで、二階氏はすんなりと納得してくださいました。それで二階氏が保守党の幹事長となり、引き続き自民党とのパイプ役になっていただいたのです。

その後の郵政選挙でまたまた自由民主党はバラバラになりますが、それを修復できたのは安倍晋三氏だからだと思います。

——福田康夫、麻生太郎両内閣の人事は森さんが采配したと言われています。

たまたまそうせざるを得ない立場にいたというだけのことです。せっかく政権を取り返したのに、自由民主党が内部で揉めていては示しがつかないですからね。それを収めたということだけです。

――今のメディアに対して、どんなお考えをお持ちですか？

その後いろいろありましたが、最近のメディアはどうもテレビ画面上でのインパクトを重視するようで、無礼で刺激的な質問ばかりが増えたように思います。それで相手をさんざん怒らせておいて、その怒ったところばかりを抜き出して放映するのです……困った傾向ですね。

――二階幹事長へのメッセージをお願いします。

二階俊博氏は私たちが先を読んでもなかなか言い出せないところを、先陣を切って素早く打ち出せる、その勘所が素晴らしい方ですね。長い経験に裏打ちされたその勘所とキレの良さがある。

まだまだご活躍いただきたい政治家のお一人です。

第39代（総裁＝森喜朗）

古賀《こが》誠《まこと》

1940年福岡県生まれ。日本大学商学部卒。

政治家を志した原点は、父親がレイテ島で戦死し、その後の母の苦労を見たから。80年、衆議院議員総選挙に39歳で初当選。以後、10回連続当選する。96年、第2次橋本内閣で運輸大臣として初入閣を果たす。98年に自民党衆議院国会対策委員長、2000年、政策が一致していて、後継者とも言われていた野中広務から禅譲される形で、自民党幹事長に就任。01年以降、小泉内閣の押し進める構造改革へは、反対の立場にあった。12年勇退。

「二階氏は人望が厚い方です。歩いてきた道が彼を作ったのだと思います」

――幹事長という仕事をどうお考えですか？

自民党の幹事長というのは政権ではなく、党の役職であり、政権与党のとても大切な存在です。私のときは前任者である野中広務氏から事前に連絡があり、私を幹事長として森総理・総裁に推薦するので、ぜひ断らずに受けてほしいと言われました。最初は「私などはそのような器でもないし、森喜朗氏は難しい人なので、お断りしたい」と申し上げたのですが、森喜朗を支えてやってくれと言われて幹事長になりました。


――幹事長として苦労されたことは？

小選挙区にはなっていましたが、まだ中選挙区の影が残っていた時代ですし、今のような一強体制でもなかったですから、難しかったですね。とにかく小渕恵三氏が病気で急に退陣された直後でしたから、いろいろと世間からも言われました。

森喜朗氏は党大会ではありませんでしたが、きちんと両院議員総会での決議を受けたうえで総裁になり首相になられたのですが、あちこちから不満や文句があがり、派閥抗争の残渣《ざんさ》も続いていましたから、党内の結束を固めるのは大変でした。

――幹事長は大変な仕事だと認識されたのですね。

確かに思ったよりも大変でしたね。

自公保連立のなかで、二階俊博氏は保守党の幹事長でした。自保連立が解消され、保守党が離れて行くときに、森首相とともに二階氏を自民党に呼び戻したのは確かに私でした。まだ野中氏もご健在でしたし、政局を見れば、その意思を尊重することにやぶさかではありませんでした。

あの筋の通らないことが嫌いな野中氏が二階氏を自民党に呼び戻し、すぐに総務局長に任命し、続いて国会対策委員長、さらに経産大臣を2回でしたからね。よほど野中氏は二階氏を買っていたのだと思います。

――当時、二階氏とはよく会われていたそうですね。

間接的にですが、小沢一郎氏が自民党を離脱していくときに、なんとか支えなければならない状況下で、いきなり自公連立は困難でしたし、自由党・保守党という立場から自民党に復党してからの二階氏のご活躍は目覚ましかったと思います。

自由民主党と公明党とは選挙区ではライバルとして争っていましたからね。それをうまくまとめるために間にどうやって座布団を挟むか、そこが問題でした。二階氏が外からも中からも、うまくそこをまとめてくれたと思います。こちらは自由民主党の国会対策委員長、彼方は保守党の国会対策委員長ということで丁々発止の交渉をしました。私にとっては二階氏があちらにいてくれたというのはとても助かりました。そういう意味では、二階氏は自民党を救ったとも考えられますね。

――あらためて二階俊博という政治家をどう思われますか。

さまざまな状況下での政局を判断する目は素晴らしいと思います。タイミングの見極めも抜群ですね。

私の師匠である田中六助氏が、政治家としてどのように政権という権力に参加するのか、どうやって影響力をその権力に及ぼしていくのか、それが政治なのだと言いましたが、その通りだと思います。また、どんなに実力があり、やり手であったとしても、権力に関われなければ意味がないと思います。

二階氏はその見極めが素晴らしく正確で速い。その直感力と行動力は素晴らしいものがあると思います。

自自連立解消のときも二階氏の正確な見極めと速さ、その直観力と行動力に小沢氏は躊躇した部分があったのではないかと思います。

自自連立、そして自自公連立の流れは二階氏がいなければ起こらなかったでしょうね。自民党の古賀誠国対委員長、自由党の二階国対委員長、公明党の草川昭三国対委員長と〝だんご三兄弟〟と言われるような間柄で毎日、毎日、困難な国会運営をやっていました。

とにかく自民党と公明党だけではなく、どこかもう一つの塊は必要だということで、二階氏には自由党を割ってでも連立に残ってほしいと申し上げたのです。この一件が私の幹事長としての最大の仕事でした。

二階氏は自由党を割り、保守党を作り、扇千景さんを参議院議長にしたところで自由民主党に帰ってきました。小沢氏は二階氏を手放したくなかったようでしたが、私はそれこそ毎晩、二階氏と会って話をしました。

人間というのは不思議なもので、どんなに絆が深くても1週間に1回しか会わない人は毎日会っている人にはかなわないのです。同じ自由党内ですから、小沢氏とは毎日会っているわけで、だから私も二階氏と毎日会ったのです。二階氏の気持ちは何回もぐらついたことがありましたが、毎日会ってそれを引き止めたのです。

――二階幹事長へのメッセージをお願いします。

ここまで長きにわたって幹事長をお務めになるというのはすごいことだと思います。県会議員時代から国政に至るまで、並々ならぬご苦労があったと思いますし、まして自由民主党を離れられた時期もおありということで、私たちよりもたくさんのご苦労をなさったと思います。それを考えると、そのご苦労が結実して花開いたのだと思います。二階氏がご苦労されて歩かれた道を会得したいと思っている政治家は若手に限らず大勢いると思います。そして苦労されてきた分だけ面倒見も良い方ですからね。人望が厚い方です。歩いてきた道が彼を作ったのだと思います。

第40代（総裁＝小泉純一郎）

山崎拓《やまざきたく》

1936年中国生まれ。早稲田大学第一商学部卒。

父親が満鉄調査部員だった関係で大連に生まれ、終戦後は福岡で育つ。67年に福岡県議会議員になり、72年に衆議院議員総選挙に初当選。中曽根康弘に見出された経緯もあり、中曽根首相時代には官房副長官、95年に自民党政調会長。90年頃から活動していた3人組（YKK:山崎拓、小泉純一郎、加藤紘一）の一人で、2000年に森内閣の不信任決議案に賛成した、いわゆる加藤の乱に参加するも、倒閣に失敗。しかし01年からの小泉内閣で幹事長、03年に副総裁に就任。その秋の衆議院選挙で落選したが、首相補佐官となる。05年の補欠選挙でカムバックした。しかし09年の総選挙で再び落選、12年には引退を表明した。衆議院議員当選回数12回。

「二階氏は生粋の党人派です。党人派の幹事長は二階氏も含めて歴代力がありましたね」

――幹事長の役割とは何でしょう？

与党自由民主党の総裁は総理大臣でもあるわけですから、総裁を補佐する役割の幹事長は実質的に党運営の最高責任者になります。あくまでも党としてですが、大きな仕事は国会運営と選挙、そして自由民主党をより多くの方にご理解いただくための広報活動だと思います。

私が幹事長時代の2年半ほどの間に、9・11アメリカ同時多発テロ事件が起こりました（2001年）。それで「テロ特措法」が生まれ、給油艦をインド洋に送ることになりました。そして米国がイラクに侵攻しましたが、戦争終結後、自衛隊もサマワというところに治安維持のために派遣されました。こうした一連の活動は基本的に政府が行うのですが、このときは自民党の主導で進めましたので、党幹事長としても多忙を極めました。小泉総裁（総理）の「自衛隊が行く場所が非戦闘地域だ」という国会答弁はけだし名言でしたね。答弁用の原稿にはなかったと思います。小泉氏は当意即妙な答弁をされる方でした。当意即妙といえば、二階氏は安倍晋三総裁の幹事長として、安倍元総理を巧みにフォローしていたと思います。よく話題になる絶妙な記者への切り返し、あれもとっさに出ていると思います。一言で流れを変えるというのはなかなかできないことです。

――幹事長時代のいちばんの思い出は？

ＹＫＫでしょうね。ＹＫＫというのは私の名前である山崎のＹと、加藤紘一氏のＫ、小泉純一郎氏のＫを併せたネーミングで、３人が同期だったことから、加藤紘一氏の発案で生まれました。〈宏池会〉のスポンサーの一つが吉田工業というファスナーのメーカーだったことから、加藤紘一氏が名付けたのです。

そんな関係から、小泉純一郎氏が総裁になったときに幹事長を打診され、お受けしました。幹事長時代は、郵政民営化の法案化が始まったところでした。郵政民営化法案を審議する衆院特別委員会の委員長に、元運輸大臣だった二階俊博氏が任命され、与党筆頭理事は首相補佐官である私が担当させていただきました。

――二階氏とはどのような関係でしたか？

小泉政権の時代に自公保連立政権がありました。二階氏は保守新党の幹事長、私が自由民主党の幹事長でしたから、さまざまな場面で接点がありましたね。

――二階幹事長へのメッセージをお願いします。

二階氏は生粋の党人派です。党人派の幹事長は二階氏も含めて歴代力がありましたね。私の記憶では、中曽根政権時代の金丸信氏、田中六助氏、竹下登氏の３人は大きな力を持っていました。

特に金丸氏は、下手をすると総理・総裁よりも権力があったと思います。

今の世界情勢の肝は新型コロナウイルスのパンデミックですから、これは我慢に我慢をしなければならないわけで、それを国民の皆さんにご理解いただくためには政権への信頼が最も大切です。二階幹事長が支える菅政権は、しっかり信頼を獲得して、そのうえで国民の皆さんにしっかり辛抱していただいて、ワクチンができるまで待つしかないでしょうね。

第42代（総裁＝小泉純一郎）

武部《たけべ》勤《つとむ》

1941年北海道生まれ。早稲田大学第一法学部卒。

大学卒業後は三木武夫が主宰する中央政策研究所に研究員として入所。71年より北海道議会議員、86年より、秘書を務めていた渡辺美智雄の後ろ盾で北海道から衆議院議員総選挙に立候補、初当選。2000年の加藤の乱では、反小泉の急先鋒であったが、のちに小泉の意向に従い、第1次小泉内閣で農林水産大臣として初入閣。04年には幹事長に就任する。小泉の「偉大なるイエスマン」と称され、自認もしている。12年引退。

「二階氏は幹事長になられてから、思想・信条を超えてその立場に徹するというのが見事ですね」

――幹事長になられたいきさつは？

私は第3次小泉内閣時代の幹事長でした。その前に農林水産大臣をやりましてBSE問題で大変な苦労をしました。私を大臣から下ろそうという動きがあり、公明党が衆議院で賛成に回ったのですが、小泉首相が公明党に、武部を辞めさせる代わりに公明党の神崎武法氏を農林水産大臣にすると言ったので、公明党は参議院での採決を欠席しました。神崎氏が尻込みするくらい大変な農林水産大臣でした。

第三者委員会が農林水産省の大失政と報告しましたし、小泉首相には辞めると申し上げたのですが、小泉氏は「辞めるならいつでも辞められる、それより問題を解決するのが君の務めではないのか。早く辞めたいのなら早く問題を解決しろ」というお言葉で、かなり大胆な改革を行いました。

それで、小泉首相は私のことを大胆な決定を下せる人間と評価してくださったようで、党のマニフェスト作りを担当し、郵政民営化のマニフェストは、私が作ったのです。

その後、小泉首相から幹事長の打診があり、まさに〝驚天動地〟の心境でした。

私は政治家として、そして政党人として、党の運営にとても興味がありましたから、一度は幹事長をやってみたいと思っていました。私自身、総理大臣などというのは自分でも向いていないとも思っていました。自由に言いたいことが言えないとだめな人間ですからね。

ですから小泉総裁から幹事長を拝命したときは嬉しかったですね。議員会館で待機するように言われ、朝9時過ぎに電話をいただいたのですが、前任の幹事長が安倍晋三氏でしたので、私が幹事長になるのなら幹事長代理はぜひ安倍氏にお願いしたいと小泉氏にお願いしました。総裁室に入っていくと、安倍氏が席を立たれて幹事長代理の席に移られ、私に幹事長席に着くように促してくださいました。総裁の次の席ですからね。そのまま総務会長、政調会長が呼ばれ、総務会が始まりました。私はといえばわけがわからず、青天の霹靂《へきれき》というところを驚天動地と発言して話題になったのはご存じのとおりです。

そうして幹事長になったのですが、当時は党三役と閣僚以外はすべて幹事長人事でしたから、総務局長をどうするかということになり、小泉総裁に誰か心にあるかをお聞きしたのですが、候補者はまったく考えていないとのことでした。誰かいるかとのことでしたので、「二階氏はいかがですか」と申し上げました。

小泉総裁は「いいな、引き受けてくれるかな」とおっしゃったので、早速私が二階氏に電話を入れてお願いしたのです。

――選挙制度改革で二階氏とともに闘いましたね。

私も二階氏も県会議員出身で過疎地の選挙区でしたからね、当時定数是正で激しい論争があった時代です。政治制度改革本部で会議があって、5時間以上も議論を重ねたのですが、私と二階氏は中選挙区論者で、私が彼を弁護するような流れになっていました。そのときに過疎地域の選挙区は人の数は少ない、馬や牛の数は多いという発言があり、それをヤジって馬や鹿じゃないのかという声があったものだから、私が「馬鹿とは何事だ、名を名乗れ！」とやったのです。長い会議でしたが、最後まで付き合ってくれたのは君だけだと二階氏は言ってくれました。

そんなときに私の尊敬する鯨岡兵輔先生が二階氏に「君の言っていることは正論だが、これ以上続けると流れが変わるぞ」とおっしゃいました。私は短気ですから「ここは正論の通らない世界か」と啖呵を切ったのですが、そのときに二階氏が「もういい、充分だ」と言ってその場を収めてくれたのです。それ以来、二階氏とは深くお付き合いするようになりました。

総務局長をお願いしたときも、その手腕は驚くほどで、お願いして大成功でした。それで、いよいよ郵政民営化の特別委員会が走り始めるのですが、山崎拓氏が理事のお一人になり、そして二階氏が委員長になったのです。これは小泉氏の決断でしたが大当たりでしたね。そこからの政治家としての手腕は実に見事でしたね。衆議院では二階氏のお陰で荒れることもなく通過しました。古賀氏と二階氏の友情もあったのでしょう。そもそも民営化には難色を示していた古賀誠氏は投票前に議場を後にされましたからね。

幹事長時代の苦労と言われても、苦労を苦労と思ったことはありません。郵政解散を大勝に導き、郵政民営化で燃え尽きたというのが、私にとっての幹事長でした。

——二階幹事長へのメッセージをお願いします。

二階氏はすごい存在感ですね。小選挙区制で官邸主導、それでもあまり不満が出ないというのは二階氏のおかげでしょうね。安倍前総理も二階幹事長抜きではあそこまで長期にはなれなかったと思います。長すぎるとか、派閥がどうとかいう声もありますが、残念ながら二階氏をおいてほかに人がいないというのが本当のところでしょう。二階氏は幹事長になられてから、思想・信条を超えてその立場に徹するというのが見事ですね。任に当たっては任に徹するということですね。

第43代（総裁＝安倍晋三）

中川秀直《なかがわひでなお》

1944年東京都生まれ。慶應義塾大学法学部卒。

大学卒業後、日本経済新聞社にて政治部の記者となる。76年に義父の地盤である広島から衆議院議員総選挙に立候補、初当選。79年の落選を機に新自由クラブを離党し、翌年自民党に入党して復帰する。96年の橋本内閣において、科学技術庁長官として初入閣を果たす。2000年に第2次森内閣において内閣官房長官兼沖縄開発庁長官兼IT担当大臣に就任。2002年から自民党国会対策委員長。05年からは政務調査会長に就任。06年に安倍晋三総裁のもとで幹事長。12年に引退する意向を表明した。

「二階氏は普段は何も言いませんからね。投げかけた問いには答えますが、こちらが問いかけなければ何も言いません。そして政局の読みは鋭くすべて当たる」

——幹事長になられた頃のことを教えてください。

私が小泉政権下で自民党の国会対策委員長だった頃、自民党は保守新党、公明党と3党連立の時代でした。二階氏は保守新党の幹事長で、連立政権が次々に法案を成立させていった時期でした。二階氏の目覚ましいご活躍はその頃から拝見しています。

私が幹事長になったのは、二階氏が自民党に戻られて、官房長官だった安倍晋三氏が首相になられたときです。時あたかも小泉政権の総仕上げとして郵政民営化が実現した一年後で、その前の郵政解散では離党者が続出しました。それを引き継いだ安倍晋三政権で、その離党者を戻すことになるのですが、発足当時は70%近くあった安倍政権の支持率が20%以上も下がりました。

そんな流れのなかの幹事長でしたから、毎日のように支持率の数値を睨み、苦労の連続でしたね。幹事長というのは選挙が最重要な仕事で、地方選挙、中央選挙と選挙戦の明け暮れですから、気が抜けない毎日でした。

それでもいくつかは勝っていきましたが、今度は自民党内の代議士が次々と問題を起こし、さらには大臣が自殺し、最悪とも言える状況が展開しました。

そして安倍内閣の支持率はついに全体で20％台にまで急落し、党の支持率も30％ほどで、俗に言う「青木の法則」では危険ラインになってしまいました。その結果、2007年の参議院通常選挙での獲得議席が37議席となり惨敗しました。

私はその責任を取って幹事長を辞任したのですが、安倍政権自体も総理の体調が思わしくなくなり、突然の辞任劇となりました。

――幹事長時代のご苦労は？

幹事長時代は選挙、選挙で、国民の皆さんのご支持を仰ぐ日々でしたが、選挙によって結果が出た以上は責任を取らねばなりません。民意に背いて政権は成り立たないということです。古い中国の言葉に「君は舟なり。庶人は水なり。水は則ち舟を載せ、水は則ち舟を覆す（荀子・王制篇）」というのがありますが、まさにその通りです。

――二階幹事長へのメッセージをお願いします。

二階氏は遠藤三郎氏の秘書から県会議員選挙に出て、一度もサラリーマンになったことのない生粋の政治家です。派手さはありませんが、気配りと政治的な勘は素晴らしいですね。二階氏は小沢一郎氏と決別してから大きく成長されたと思います。保守新党から三党連立、そして小泉時代に郵政民営化の委員長を務め、小泉チルドレンの時代を築き、郵政選挙で誰よりも忠実に小泉首相に尽くしたのは二階氏と武部氏でした。いわば郵政選挙を仕切ったというのが、二階氏を大きく成長させたと思います。もちろん、それができるだけの実力がおありだということです。

二階氏は普段は何も言いませんからね。投げかけた問いには答えますが、こちらが問いかけなければ何も言いません。そして政局の読みは鋭くすべて当たる。まだまだご活躍されると思います。

第44・46代（総裁＝安倍晋三／福田康夫）

麻生太郎《あそうたろう》

1940年福岡県生まれ。学習院大学政経学部卒。

吉田茂の孫、大久保利通は高祖父。大学を卒業し、米国、英国への留学を経て、麻生産業に入社。79年、衆議院議員総選挙に立候補、初当選。96年、第2次橋本内閣にて、経済企画庁長官として初入閣。2006年には自民党総裁選挙に再度出馬するも敗れ、安倍晋三政権が誕生。07年に外務大臣を拝命、その後幹事長に就任してすぐに安倍内閣が退陣、次の福田康夫内閣でも幹事長となるが再び1ヵ月あまりで福田内閣が退陣。08年、4度目の自民党総裁選挙に出馬し当選、第92代の内閣総理大臣になる。

「危機があっても、あの調子で質問を受け流して、たった一言でかわしてしまう手腕は見事だと思います」

――幹事長になられた当時の経緯を教えてください。

２００６年、小泉純一郎総裁の後、安倍晋三氏、谷垣禎一氏、私の3人で総裁選挙をやりまして、安倍氏が総裁になり、私が外務大臣を拝命しました。その後、参議院議員の選挙が終わって、私が幹事長に就任することになりました。

ところが安倍氏の持病が悪化して、総裁を辞任することとなり、1ヵ月で最初の幹事長は終わりました。

その後、福田康夫氏が総裁（総理）になり、伊吹文明幹事長の後、第2次福田内閣の幹事長を拝命しました。党内にいささか問題ありで、いかがなものかという状況だったので、政策ではなく党務の方で福田総裁を支えるのが主な仕事でしたね。それまでも政調会長もやりましたし、森喜朗幹事長のときに長らく副幹事長を経験していましたので、これが自然な流れでした。

――幹事長というポストをどうお考えですか？

私の祖父の吉田茂は大日本帝国憲法のもとで英国大使からいきなり総理大臣になった人で、当初は代議士ではありませんでした。それで自分で日本国憲法を発布したのですが、そこには総理大臣は国会議員でなければならないと明記されていたために、終戦の翌年の1946年に衆議院議員総選挙に出て代議士になるのです。その翌年の1947年に新憲法下での初めての総選挙が行われました。その時代の自由党の幹事長は佐藤栄作氏でした。

――自由民主党の幹事長としては岸信介氏が初代ですね。

総裁が総理となることで、政府を運営しなければなりませんから、どうしても党務の方はおろそかになります。そこで幹事長がそれを代行することになるのです。岸氏が安保改定をやろうと衆議院を解散しようとしたときに、当時の幹事長だった川島正次郎氏に反対されて断念しましたが、総裁（総理）と幹事長の波長が合っていないとそういうことが起きるのだと思います。

したがって、幹事長というのは極めて大きな役割だと思いますね。

安倍晋三総裁のときは、私は1ヵ月しか幹事長をしていませんから、苦労がどうこうということはありませんでしたが、2回目の福田康夫総裁のときも1ヵ月ですからね。私には幹事長を語る資格なんかありません。自分が総裁になったときの幹事長は細田博之氏でした。選挙では大敗するし、ある意味で自由民主党が一番大変な時期でしたからね。幹事長も苦労したと思いますよ。

——歴代のなかで記憶に残る幹事長はどなたでしょう？

直接お仕えしたことはありませんが、日本新党の細川護熙内閣の時代、自由民主党は野党でしたがそのときの河野洋平総裁と森喜朗幹事長は記憶に残っていますね。河野総裁は政権を奪還しても総理大臣にはならなかったのです。森喜朗氏は幹事長として党務のなかで大変な苦労をしたと思います。小沢一郎氏を筆頭に毎日のように離党者が出て、あのときの幹事長は大変だったと思います。結果的に自民党ではない村山富市氏を自由民主党が推す形で政権奪還をしたのですから、河野洋平総裁と森喜朗幹事長にとっては大変な時代でしたね。そんなさなかに阪神・淡路大震災は起こるし、よくぞ河野総裁、森幹事長のコンビはこの国難を乗り切ったと思います。森喜朗氏のように野党の幹事長と与党の幹事長を両方やった人というのはいないはずです。

時代といえば時代なのでしょうが、とんでもない選挙戦を戦ったわけですからね。

村山富市氏を担いで勝負することを竹下登氏に知らせに行ったのは私ですが「何を考えているんだ」というのが竹下氏の第一声でした。それくらいの異常事態だったのです。あのとき、河野洋平氏ははっきりこうおっしゃいました。

「私が自由民主党の総裁になったのは総理大臣になるためじゃない。自由民主党を政権に復帰させるためなのだ」

今だから言えますが、森喜朗氏はそれを聞いて号泣しましたよ。

――二階幹事長へのメッセージをお願いします。

二階氏は安倍晋三前総裁をしっかり支えてきましたよね。何回か危機があっても、あの調子で質問を受け流して、たった一言でかわしてしまう手腕は見事だと思います。

第45代（総裁＝福田康夫）

伊吹文明《いぶきぶんめい》

1936年京都府生まれ。京都大学経済学部卒。

大蔵省に入省し在英大使館の書記官、大蔵大臣秘書官などを経てから83年、衆議院議員総選挙に初当選。97年、第2次橋本内閣で労働大臣として初入閣。2006年安倍内閣のときの文部科学大臣を経て、07年、福田康夫総裁のもとで幹事長に就任する。12年に自民党が与党に返り咲いたときの衆議院議長。福祉・財政・税制のプロとされ、党内一の達筆でも知られる。

「最初の選挙のとき、二階氏の靴がドロドロだったのを今でも覚えています。懸命に歩き回って選挙してきた人なのだなと思いました」

――幹事長時代の思い出は？

第1次安倍内閣のときに参議院議員選挙に敗北し、衆参ねじれ状態による政権運営に苦しみ、消耗する福田内閣、福田総裁を支える1年でした。参議院選挙敗北後も安倍さんは政権担当の意欲があり、内閣改造を行いました。私は文部科学大臣として留任が決まっており、教育改革を前進させようと安倍さんと話し合っていた矢先に、首相が突然辞任するという事態でした。当時、安倍首相は病気ということもありましたが、精神的にもかなり参っておられたのかな。とにかく、自民党は次の総裁を決めなければなりません。私は閣僚でしたから、総裁選には深く関与はしませんでしたが、党内は騒然としていましたね。

結果的に福田康夫さんが総裁となり、私は幹事長を拝命しました。自民党は参議院議員選挙で負けて、衆参ねじれ国会となっていましたから、国家としての意思決定が難しい状況でした。それを利用して福田内閣を揺さぶり、いたぶる小沢一郎氏に対応することが、ある意味、幹事長の仕事のすべてでした。小沢氏はそうしたところを利用して揺さぶりをかける人ですからね。福田首相の気力や忍耐力というものが、徐々に徐々に削ぎ落とされていくようで、見るに堪えない気持ちでした。そんな福田さんを支え守るというのが幹事長としての1年間でした。

その頃の状況を説明すると、まず、衆議院で通っても参議院で否決されるか、参議院で60日賛否を決めない場合、再度衆議院に戻して3分の2以上の賛成で可決せざるを得ない制度を利用して、租税特別措置法案を通し、ガソリン税暫定税率の法案の参議院での議決を引き出したのです。

また、アメリカ同時多発テロ事件を受けて、我が国は国際貢献を求められたのですが、野党は教条的に反対しますから、時限法を使ってインド洋への給油艦の派遣という国際貢献を参議院で議決しない……。議長にお願いして斡旋しようとしたが、まったく約束を守らない。

任期の切れた日本銀行総裁の人事、これは衆議院優先の規定がないことを利用し、参議院で否決する。そして小沢氏は自民党との大連立を呼びかけ、福田さんに希望を持たせ、これは民主党内の生煮えでダメでしたが、その後お詫びの言葉もない。

幹事長として、週1回は公邸で記事にならないように福田さんと話し合い、精神的負担をできるだけ抑えるように努力したのです。このときに、太田昭宏公明党代表の協力を仰ぎましたが、太田さんはこのことを一度もマスコミに話しませんでした。今でも信頼している友人です。国会運営に際しては、大島理森国会対策委員長が協力してくれました。

党の幹事長というのは、国政ではなく党の運営が仕事です。首相官邸には会議以外は出入りせず、総理とは院内や党本部、公邸でお話をするように心がけていました。与党自民党が政権の言いなりになるようでは、民主主義の基本がなくなってしまいますからね。

このように小沢氏のいたぶりに対応した1年でしたが、そのときにさんざんな目に遭わされた経験は、麻生内閣で政権を失った野党時代に、良くも悪くも政権奪還の役に立ちました。谷垣禎一総裁が野党となった自由民主党を率いていたときに、私は政権構想会議の座長でした。自民党が野党となった3年3ヵ月の間、まさに逆の立場で小沢氏に攻勢をかけることになるのです。谷垣禎一総裁が頑張って参議院で第一党となり、まさに自民党が野党という形でねじれ国会となるのですが、そこでかつて小沢氏にやられたことをそのまま、まったく逆の立場で、しかもスマートにやることになるのです。

当時、与党として野田佳彦総理が提案された「税と社会保障の一体改革」が争点でしたが、野党である自民党はそれに賛成したのです。ところが自民党内にも「無駄さえ省けばなんでもできる」といって選挙では勝っておいて、今さら消費税を上げるのは公約違反だ、筋が通らないという意見もあり、不信任案を出せという声も上がったのです。私は党内において、もし今不信任案を出せば、小沢一郎氏を筆頭に政権は一枚岩になって否決してくるだろう。それこそ相手方の思うツボだ。自由民主党の選挙公約には消費税の必要性が謳われていたのだから、自民党は賛成すべきであり、小沢氏は必然的に反対に回る。そうすれば与党（当時）が割れる。そこで不信任案を出すのだと党内を説得したのです。

私は野党の人間ながら、野田総理とも公邸で話し合い、野田氏に頑張れと声をかけ続けました。そのときにこちらの策略に唯一気づいていたのが民主党新執行部の輿石東《こしいしあずま》幹事長でしたね。最後は野党である自民党の政権構想会議の座長である私と、与党幹事長の輿石氏との暗闘でした。今でも輿石氏とは良きライバルとしてお付き合いさせていただいています。

――二階幹事長へのメッセージをお願いします。

二階さんとは同期です。現在残っているのは二階さん、大島理森衆議院議長、額賀福志郎さんと私、それに新自由クラブで当選していた甘利明さんぐらいでしょう。

最初の選挙のときに大阪のテレビ局が関西出身の新人議員を集めたのですが、私は京都一区、二階氏は和歌山三区でしたが、偶然テレビ局のスタジオで隣に座ったのです。皆さん選挙が終わってそのまま来たのですが、そのときに二階さんの靴がドロドロだったのを今でも覚えています。懸命に歩き回って選挙してきた人なのだなと思いましたね。

私が幹事長の時代は自公保連立で、二階さんは自民党ではなかったのですが、国会運営などでもお世話になっていました。二階さんがやっていた高野山のセミナーなどにもお邪魔しました。そんなこんなでお付き合いがありましたが、二階さんの保守党はなかなか安定せず、結局自民党に戻ってこられました。ところが、あの頃は郵政民営化の渦中で亀井静香氏などが離党していくなどの大騒動があり、そのときに同期の二階さんに声をかけて、〈志帥会〉にお誘いしたのです。そして私が衆議院議長になったものだから、二階さんに〈志帥会〉をお預けしたのです。それが今の〈二階派〉です。二階さんは〈志帥会〉を引き継いで大きくしてくれましたね。今は小選挙区制ですから政治信条や思想で選挙を戦うのではなく、勝つためなら何でもありな感じですが、そんななかで二階さんは時代に合わせて上手に派閥運営をされていると思います。

二階さんは頼まれたこと、引き受けたことはきちんとやる方で、筋を大切にする友人です。

第 47 代（総裁＝麻生太郎）

細田博之《ほそだひろゆき》

1944 年島根県生まれ。東京大学法学部卒。
大学を卒業後、通産省に入省、退官は 86 年。元防衛庁長官の父親、細田吉蔵の秘書となり、政治家人生をスタートさせる。90 年に島根から衆議院議員総選挙に立候補、初当選。2002 年、第 1 次小泉内閣のとき、沖縄及び北方対策担当相、科学技術政策担当大臣、情報通信技術担当大臣として初入閣した。04 年内閣官房長官、05 年自民党国会対策委員長、07 年幹事長代理、08 年に麻生内閣で幹事長に就任。

「コロナ問題……あらゆる危機を今日まで乗り越えてきた日本の団結と知恵に期待したいと思います」

――幹事長時代の思い出は？

麻生内閣の発足は2008年9月24日ですが、発足直前の9月15日に米国で発生したリーマンブラザーズの経営破綻によって麻生内閣は重大な試練に直面しました。9月12日の日経平均株価は1万2214円でしたが、10月28日には6994円、43％も下落し、1982年以来26年ぶりの安値を記録しました。

平成のバブル崩壊の始まりは1991年3月から1993年10月のことでした。1989年末に3万8915円であった株価が1990年10月に2万円を割り半値になりましたが、リーマンショックはほぼ同等の下落率でした。バブル崩壊後、株価は最低7000円台まで下落しましたが、リーマンショック後の株価はその最低株価をも下回りました。

これを受けて麻生内閣は直ちに次の予算措置を行い、これを実現します。2008年10月16日の第1次補正予算成立（11・5兆円）、2009年1月の第2次補正予算成立（27兆円）、2009年3月には平成21年度予算が成立（緊急対策37兆円）、さらに追加して4月27日、第1次補正予算を閣議決定、半年の間に計91兆円を超える予算措置を講じました。

中小企業金融対策として日本政策金融公庫等の信用供与、大企業、金融機関への大規模な資金供給、債務保証、法人税の繰戻還付金制度の導入、エコポイント制度、エコカー減税導入など多岐にわたる政策が実行に移されました。国際金融対策としてＩＭＦへの緊急融資を行い、日本と世界銀行の協力による途上国の銀行支援ファンドの設立など、国際金融社会における麻生内閣のリーダーシップは極めて高く評価されています。

特に２００９年2月のＧ７（ローマ）において日本はＩＭＦに１０００億ドル（約10兆円）の融資を実現して世界金融の崩壊阻止に貢献しています。

しかしながら国内の報道は、最大の功労者であった財務大臣の記者会見の模様に終始しました。バブル崩壊時に、山一証券、北海道拓殖銀行、日本債券信用銀行、日本長期信用銀行等が破綻し、銀行、証券、保険会社への信用不安が拡大混乱した経験を踏まえ、同じことを繰り返さないための金融対策も適切に用意、運用されて米国内等の混乱の波及は防止されています。

２００９年7月21日の解散、総選挙の大敗、民主党政権の誕生により9月16日に麻生政権は終了します。〝後知恵〟で年内解散をしていれば大敗北は免れた、総理の解散の決断が遅れたなどの批判が行われますが、内閣の対応をみれば緊急事態下で、いかに最大最高の対応をしてきたか。年内解散をすれば危機対応は大幅に遅れたであろうことは歴史的検証に耐え得ると考えていますが、その点はあまり報道されませんでした。

――自民党敗北について今思うことは？

小泉政権終了時の国会の勢力は、小泉総理の郵政解散選挙（2005年8月8日解散、9月11日投開票）のまま、第1次安倍、福田、麻生政権に引き継がれました。私は解散時の官房長官でしたから経緯についてはよく承知しています。

自民党296、公明31、民主113、その他40という歴史的大勝利でしたが、参議院は相変わらず少数勢力というねじれ状態でした（衆議院の定数は480。現在の定数は465、参議院は定数242、自民83、公明20、民主109、その他30、現在の定数は245）。第1次安倍内閣の2007年2月に「社会保険庁改革関連法案」が提出、審議され、そのとき年金記録問題の不備が明らかになり、政権への信頼が大きく揺らぎました。

年金問題は安倍、福田、麻生内閣に引き継がれ、2007年10月の年金記録問題検証委員会報告書（福田内閣）は、5095万件の未統合記録を指摘、2007年12月～2008年10月には「ねんきん特別便」を1億800万人に発送、2009年4月「ねんきん定期便」開始など、国民の最大の関心事となりました。

ねじれ国会に対応するためのいわゆる「大連立構想」、ガソリン税をめぐる混乱などのあと誕生した麻生政権は、これに加えてリーマンショック対応に追われました。

2008年9月の国土交通大臣の辞任、2008年11月の漢字の誤読問題、2009年2月の財務大臣の記者会見問題による辞任、2009年6月の総務大臣の日本郵政問題による辞任、2009年7月の東京都議選の自民党の敗北、等々さまざまな逆風が重なり、閣内、党内にも公然と批判を口にし、来るべき総選挙に備える者が続出しました。

麻生内閣は4年間の任期満了直前の7月21日に衆議院を解散し、8月30日に投票が行われた結果敗北し、民主党鳩山政権が誕生しました（民主党308、自民党119、公明党21、その他32。ちなみに解散時は、自民党300、民主党115）。

――民主党のマニフェスト問題についてどう考えていますか？

来るべき総選挙に備えて、民主党はいわゆる鳩山マニフェストを発表しました。その内容は財政に明るい者から見れば明らかに誤りに満ちており、実現不可能な内容でしたが、国民の年金問題に対する不備、リーマンショックによる大幅な景気後退に対する不安に訴えるところが大きく、選挙結果は民主党の地すべり的大勝、自民党の大敗北に終わりました。鳩山マニフェストの骨格で最も国民の投票行動に大きな影響を与えたのは、子ども手当でした。

1人当たり31・2万円、3人の子どもがいれば93・6万円を支給するというもので、予算規模は5・3兆円です。そのほか恒久的な減税2・5兆円、高速道路無料化1・3兆円など総計16・8兆円とする内容で、「コンクリートから人へ」というキャッチフレーズも大きな反響がありました。

このマニフェストの根拠となった800ページに及ぶ民主党内の調査報告には、官庁OBの天下り先の団体に対する財政支出が15兆円以上存在し、これらをカットすれば無駄遣いをなくして16・8兆円は容易に捻出できるとありました。

ところがこれは内容的にはまったくの誤りであり、民主党がなぜ後に政権の信用失墜と政権の再交代に繋がる内容を公表したのかは理解に苦しみます。

すなわち、天下り関連財政支出には削減の極めて困難なものが多く含まれていました。たとえば、中小企業への助成。これらの助成の減額は極めて困難で、中小金融機関等には各省からOBが就任しているために削減対象となっています。経済協力費（ODA）におけるJICA（国際協力事業団）への支出、防衛予算（OBが企業等へ天下り）、補助金交付の実務を行う団体への支出等々あげればきりがありません。

政権獲得後、民主党政権が直面したのはリーマンショックによる税の減収、過大な公約に対する対応問題でした。加えて、東日本大震災の発生による財政経費負担により、野田政権に至ってついに消費税増税に言及して、3党合意をするという結果に繋がりました。行革による恒久減税論が消費増税論に転換したのですから、誰が見ても公約違反は明らかとなり、第2次安倍政権の誕生に繋がりました。行革という名の「官庁いじめ」や「政務3役への権力集中」も政権を支える公務員の意欲を阻害しました。

――コロナ問題と今後の対応についてどうお考えですか？

コロナ問題の影響が先に述べたバブル崩壊時の対応、リーマンショック後の対応、東日本大震災後の対応を上回る大きさであることは明らかです。２０２１年のオリンピック・パラリンピック開催問題とともに、今後の長期にわたる日本の景気動向、財政問題に大きな影を投げかけています。

あらゆる危機を今日まで乗り越えてきた日本の団結と知恵に期待したいと考えています。

――今後の党運営についてどう考えていますか？

中選挙区時代の派閥優位とその背景にあった企業による政治資金中心の党活動と、今日の小選挙区制度と個別政治家に対する企業献金の禁止、政党助成金中心の時代の活動とはまったく様相が異なっています。

政治記者のＯＢたちはかつての「親分衆の時代」に郷愁を覚えて昔を懐かしむ声がありますが、かつての金権政治の時代はすでに終了しているのです。

残滓《ざんし》もすでに消えつつあり、新しい党運営や民主主義の深化に向かっていることを直視しなければなりません。

――二階幹事長へのメッセージをお願いします。

二階氏は現職の幹事長ですからね、コメントは差し控えたいと思います。

幹事長経験者インタビュー

第48代（総裁＝谷垣禎一）

大島理森《おおしまただもり》

1946年青森県生まれ。慶應義塾大学法学部卒。

毎日新聞社勤務を経て青森県議会議員。青森から83年、衆議院議員に立候補、初当選。95年、村山内閣のときに環境庁長官として初入閣。その後、2000年の第2次森内閣では文部大臣、科学技術庁長官。02年第1次小泉内閣で農林水産大臣を歴任。自民党国会対策委員長を00～02年、07～09年の2回務め、在任記録は歴代1位。09年、谷垣総裁のもとで幹事長となる。

「本当に幾度となく二階氏には助けられました。親心の政治が行える練達の士だと思いますね」

――幹事長時代の思い出を教えてください。

実は自由民主党は平成になってから2回、野党を経験しているのですが、1回目の細川護熙内閣の時代には森喜朗幹事長のもとで麻生太郎氏、中川秀直氏、そして私が副幹事長として幹事長室におりました。間近で野党の幹事長というのはなんと辛いものかというのを目の当たりにしておりました。

ところが、私はまさに野党時代（2回目）の谷垣禎一総裁のもとで幹事長を拝命することになったのです。２００９年9月から２０１０年9月までの1年間、幹事長をやりましたが、そのときの幹事長の役割というのはただ一つ、「政権奪還」でした。

このたった一つの目的のために何をなすべきか、それがすべてでした。

野党における党内掌握には政権という後ろ盾がないわけで、とかく野党になると党内に分裂的な動きが出がちで、さらに不満が噴出しがちです。それが直接谷垣総裁に向かうことがないように幹事長が踏ん張ることが大切な役割だと自認しておりました。そのあとに控えている参院選では、なんとしても議席を獲得しなければなりませんでしたから、党務といってもそこが最重要でしたね。さらに県連を取りまとめ一本化するために全国を巡りました。

野党というのは党の歳入も激減しますから、職員の皆さんに給料の減額をお願いするようなこともありました。

そんなさなかに東日本大震災が起こり、困り果てた菅直人総理から谷垣総裁に連立の申し入れがあったようなこともありました。私は副総裁として、谷垣総裁に閣外協力はやぶさかではないが、国民からの信頼を勝ち得ていない政権との連立はお断りすべきだと申し上げました。

いずれにせよ、幹事長時代は同志の皆様に辛い思いをさせ、我慢をお願いする日々でありました。何人かの方たちは離党されたりもいたしましたが、それを止められなかった非力を痛感することも少なくありませんでした。

それでも森喜朗先生、古賀誠先生などの背中を見ながら幹事長のなんたるかを勉強させていただいたお陰で、1年間を乗り切れたのだと思います。

――二階幹事長へのメッセージをお願いします。

二階氏とは同期です。二階氏は〈田中派〉、私は〈三木派〉でしたが、お互いに県議出身ということもあり、さまざまな共通点もあると感じております。二階氏が保守新党の国会対策委員長、私が自民党の国会対策副委員長として対峙することにもなりましたが、実に手ごわい相手でした。

自民党に戻られてからは、野党時代、私が幹事長のときに選挙対策局長をお願いいたしまして、二階俊博という政治家の幅広い人脈とその行動力には敬服するばかりです。本当に幾度となく二階氏には助けられました。

親心の政治が行える練達の士だと思いますね。

第49代（総裁＝谷垣禎一）

石原伸晃《いしはらのぶてる》

1957年神奈川県生まれ。慶應義塾大学文学部卒。

大学卒業後、日本テレビに入社、89年の退社まで、報道局に籍を置く。90年に東京から衆議院議員総選挙で立候補、初当選。初入閣は、行政改革・規制改革担当大臣、また第1次小泉第2次改造内閣において、国土交通大臣。党内では安倍晋三総裁のもとで幹事長代理、政調会長。第2次安倍内閣で環境大臣、内閣府特命担当大臣。2010年から自民党幹事長。

「二階氏のすごいところはその存在感でしょうね。昔は面白い政治家がたくさんいましたが、いまは存在感のある政治家が少なくなりました」

――幹事長時代の思い出を教えてください。

私が幹事長だったのは自民党が野党時代で、ある意味で自民党は倒産しかかっていました。

私が幹事長になったときの総理大臣が菅直人氏で、それから野田佳彦氏になりました。ちょうど父の石原慎太郎が都知事選の4選に立候補するという記者会見が2時45分からありまして、それを谷垣総裁とテレビで見ていたのですが、東日本大震災が起きたのが2時46分で、谷垣総裁と「これは大変なことになった」と話したのを覚えています。そして谷垣総裁も私も、菅総理が正面から連立を申し入れてきたら、国のために受けざるを得ないと覚悟した部分もあったのですが、同時に、そうなったら自民党政権は当分来ないだろうなという思いもありました。

ところが菅直人総理は、谷垣総裁のところに自分で来ないばかりか、政治家ではない人間を使いに立てて自民党に来させたのです。助けてほしいと頼むわけですから、これでは筋が通らないというか、連立は無理ですよね。

結果的に連立はなくなり、菅総理の求心力もなくなり、野田総理の後に自民党が政権を奪還することになるのです。

――二階幹事長へのメッセージをお願いします。

初めて親しくお話ししたのは、参議院選挙のとき、和歌山の選挙区に鶴保庸介候補の応援に行ったときです。御坊市のほうに行ったのですが、そのときに二階氏がいらっしゃいまして、実は家内の本家が御坊だったものですから、二階氏が電話帳をめくって探してくださいました。結局見つからなかったのですが、その行動の速さにはびっくりしましたね。

二階氏のいちばんすごいのは、「ボケたふり」の上手さでしょうか。皆さんいろいろおっしゃいますが、私は演技だと思います。ああやっておいて、しっかり状況判断をされているのが二階氏だと思います。

先日も道路財源の話でお会いする機会があったのですが、高速道路は地震などの災害にも強いですから、きちんと整備したいと申し上げたら、キッと目を開かれて「案を持って来なさい」とおっしゃいました。ああいうときの二階氏は実に鋭い表情をされます。

二階氏のすごいところはその存在感です。昔は面白い政治家がたくさんいましたが、今は存在感のある政治家が少なくなりました。二階氏はそこがすごいと思います。

第50代（総裁＝安倍晋三）

石破《いしば》茂《しげる》

1957年生まれ、鳥取県出身。慶應義塾大学法学部卒。

父親は元建設官僚、鳥取県知事。三井銀行勤務中に父親が死去し、田中角栄にすすめられる形で86年に鳥取から衆議院議員総選挙に立候補、初当選。外交、安全保障のエキスパートとして知られ、2002年小泉内閣のときに防衛庁長官として初入閣。その後福田康夫内閣で防衛大臣。08年に初めて自民党総裁選挙に出て以来、4回出馬している。09年自民党政調会長、12年に安倍晋三総裁のもとで幹事長。第2次安倍改造内閣、第3次安倍内閣でも、内閣府特命担当大臣、地方創生担当大臣。20年の総裁選で敗れ、菅義偉総裁が誕生した。

「何を言っているのかよくわからないと思わせて、政局の読みはことごとく当たる。それが二階先生のすごいところですね」

――政治との最初の接点は？

父の石破二朗は建設事務次官から鳥取県知事になったのですが、新潟と鳥取という雪深い地方の出身同士というせいなのか、田中角栄先生とは親友だったのです。それこそ父は「田中のためなら死んでもいい」とまで言っていました。田中先生の『日本列島改造論』にも、いくつかは父の案が含まれていると思います。

1958年の都知事選のときに、当時の幹事長だった佐藤栄作先生と副幹事長だった田中角栄先生から、建設事務次官だった父に出馬のお話があったそうです。東京都知事は東京出身者がなると決まっているわけではありませんからね。ところが父は「私は鳥取の出身で、鳥取は小さくても貧しくても私の故郷だ。鳥取県の知事にならなるが、東京都知事にはならない。私は鳥取に生まれ、鳥取で育ち、鳥取に死ぬのだ」と言って、本当に鳥取県知事になってしまったのです。本人には国会議員への思いもあったと思いますが、それでも鳥取県知事を5期やったら田舎に戻って農業をやると言っておりました。

その後、田中角栄内閣時代の1974年、参議院議員選に際し、鳥取の選挙区（全県区）で社会党が強力な候補を擁立したことを受けて、田中角栄総理から出馬要請がありました。父は「これまで田中は俺が困ったときにいつでも助けてくれた。道路がよくなったのも、鉄道の整備も、小さな県なのに空港が2つもあるのも、みんな田中が俺を助けてくれたからだ。その田中が困っているときに俺は知らん顔はできない」といって、なんと65歳で初めて国会議員に立候補したのです。当選し、すぐに自治大臣を拝命したのですが、そのときにはすでに膵臓癌が悪化しており、5ヵ月で大臣を辞め、翌年に亡くなりました。父の遺言は、葬儀委員長を田中角栄先生にやってほしいということでした。しかし、鳥取県知事を長く務めたために、鳥取県民葬となり、その葬儀委員長を田中総理がやるわけにはいかないということで、田中先生は友人代表として弔辞を述べてくださいました。ところが田中先生はどうしても父との約束を果たすのだと、もう一度東京で葬儀をやってくださったのです。最初で最後の田中派葬、つまり派閥の葬儀でした。

その葬儀後、当時銀行に勤めていた24歳の私が、田中先生のところにお礼を申し上げに伺いました。田中先生と1対1でお話しさせていただいたその席で、「今は1981年、1983年には総選挙がある。そのときには君も26歳になっている。日本で起こるすべてのことは目白で決める」とおっしゃいまして、私は衆議院議員に立候補することになったのです。

――幹事長時代の思い出を教えてください。

私が幹事長を拝命したのは、第2次安倍晋三政権の最初の頃でした。その前に行われた総裁選挙では、多くの党員票をいただき、国会議員による決選投票で安倍先生が1番になり、総裁となられました。まだその段階では民主党の野田内閣でしたので、政権奪還のために党内一致結束して当たるということで、幹事長を拝命したのだと思います。それを受けて、文字通りあらゆる選挙に必勝の体制で臨みました。

9月に野党自民党の幹事長になってから、政権を奪還するまでの3ヵ月強の間に、鹿児島県で補欠選挙がありました。いわば政権奪還に向かっての前哨戦だったわけで、これに自民党が勝ったところで、野田佳彦総理は解散すると言ったではないかとの批判が大きくなり、真面目な方ですから解散総選挙となったのです。

野党時代、谷垣総裁のもとで自民党は反省と懺悔の日々を送りました。谷垣総裁、大島幹事長、そして伊吹文明議長をいただき、政権構想会議というものを立ち上げました。そこではまず、なぜ我々自民党は信を失うに至ったのかをきちんと反省し、その反省のうえに、自由民主党はどのような党であるべきかを明確に定めるべく、党の綱領を全面的に改めました。

伊吹議長のご真筆による新しい綱領には、国会を公正に運営していくこと、政府を謙虚に運営すること、自由民主党はあらゆる組織と対話し、協調し、決断するということ、などが盛り込まれました。

このような経緯のなかで、私は安倍政権の幹事長として、この新綱領の精神をできるだけ反映させるべく努力しました。ですから、幹事長としては鬱陶しい存在だったかもしれませんね。憲法改正についても、衆議院、参議院それぞれの3分の2の賛成を受けたうえで、国民投票で半数以上の賛成が必要なわけで、一朝一夕にできるようなことではありません。いきなり短兵急に持ち出しては駄目ですということは、安倍総理にも何回も申し上げました。そういう意味では、野党時代の幹事長として前哨戦となる地方選に勝ち、そして総選挙にも参院選にも勝利しましたが、政権運営については「いちいち小うるさい」と思う方があっても仕方なかったかもしれませんね。

――幹事長の役割とは何でしょう？

新しい綱領にもある通り、あらゆる組織、あらゆる人々にきちんと向き合い、今やるべきことは何なのかを国民に正面から語ることだと思います。自民党に賛成してくれる方々を大切にするのはもちろんのことですが、むしろ反対している方たちに対しても、現状をきちんと説明し、今やるべきことを語り掛けることが役割なのではではないでしょうか。

もちろん、政権自身も説明責任を果たすべきですが、そこには当事者としての限界もあります。与党という少し離れた立場だからこそ、目先の政策だけでなく、我々が考える未来の姿についても提示することが求められていると思います。

――二階幹事長へのメッセージをお願いします。

二階先生と初めてお会いしたのは、中曽根政権時代の、1983年の総選挙のときです。当時、私は田中角栄先生が「銀行を辞めて俺の派閥の事務員になれ。一番勉強になるぞ」とおっしゃったので、田中派〈木曜クラブ〉の事務員をしていました。まさにロッキード選挙でしたが、角栄先生は自分の派閥の先生方に「お前たち、俺の悪口を言って選挙に勝ってこい。『私は〈田中派〉の人間だが、田中角栄は間違っていると思う』と言って当選してこい」とおっしゃっていたのを覚えています。そんなことを言った候補者はおられませんでしたけどね。

二階先生はそのとき、初当選でした。そして当選された後、派閥の事務員にまでごちそうしてくださったのは二階先生だけでしたね。

私は、先生から1期遅れて国会議員になり、その後、新進党でご一緒しました。自民党に戻ってからも、小泉内閣、福田内閣、麻生内閣と、閣僚などをご一緒させていただきましたが、いつも思うのは、お考えを明確になさらないことが多いということですね。何を言っているのかよくわからないと思わせて、政局の読みはことごとく当たる。それが二階俊博先生のいちばんすごいところです。

今、日本の社会のなかでも対立と分断が進み、一部の企業や経営者は豊かになっても、労働者や一般大衆が豊かさを実感できていない。そんななかで国民の政治不信が進んでしまうのではないかという危惧があります。自民党は国民政党として、新綱領を作ったときの精神に立ち戻り、国民の一体感や絆を取り戻さなければならないのです。この困難な局面を打開できるのは、二階先生しかいないと思います。

第七章
国土強靱化と地方創生

二階俊博の見る日本の危機管理

二階俊博の掲げるさまざまな政策のなかでも、最も国民に近いところにあるのは「防災」と「観光」だろう。その一翼をなす「国土強靱化」とは、概念としては、災害対策に力点を置いてインフラ整備を推進するもので、二階の専売特許ともいえるものである。野党時代の自民党が東日本大震災の甚大な被害を踏まえ、二階を中心に具現化していったものであるが、とかく「土建政治」と批判されがちだがそれをものともせず、今では政府の災害対策の代名詞と言える程に定着した。これは二階俊博の政治力の為せる技と言えるだろう。

2011年に起きた東日本大震災の後、二階俊博のところに自民党執行部の大島理森副総裁や茂木敏充政調会長らから、国土強靱化調査会というものをつくりたいという話があったという。そもそもは大震災の災害復旧を早め、防災、減災などの対策を万全にすべく、党としての考えを明確にするべきという考え方だったようだ。

二階は当初、この「強靱化」という言葉に難色を示したという。書くのも読むのも難しい「強靱化」という言葉を掲げて政策論争を行い、ひいては選挙を戦うのは難しいのではないかと直感したからだという。しかし、せっかく執行部が考えた案件である。二階は悩んだが、そもそも「強靱化」とはなにか、という問い掛けからスタートするのも一つの方法であるという観点から「強靱化」という文言をそのまま使うことになったのだ。

二階は自民党内に国土強靱化総合調査会（現・国土強靱化推進本部）を立ち上げ、その会長としてリーダーシップを発揮することになった。では、そもそもその「強靱化」の基本はどこにあるのだろうか。

二階は、防災・減災対策が最も大事だと語る。そもそも実際に災害を受けてから対応を考えているようでは、本来恥ずかしい状態だという。しかし災害は繰り返し起きるものだ。過去の日本の歴史を振り返ってみればそのことは明白である。

三陸地方などでは「ここから下に家を建ててはいけない」という碑が建っている、先人の教えである。ところが人類は科学技術の進歩とともに過去の悲劇を忘れ、傲慢になって「それは何百年も昔の話だ」とばかりに宅地造成を海沿いにまで広げてしまい、再び災害に襲われたということが現にあるのだ。二階は、過去の歴史に学び、先人の教えをしっかり守っていくことも必要だと語る。

二階はもともと地域住民、市町村単位などの考え方、方針が大切だという基本的なビジョンを持っているが、だからといってそれぞれが勝手に対処しろと言うわけにはいかない。そのような無責任な対応ではなく、どこで折り合いをつけ方策を決めていくかがポイントだと語る。確かにそれは困難な道ではあるが、成し遂げなければならないテーマなのだ。

津波が押し寄せてきたときには、高いところに逃げろという先人の教え、それに対して、果たしてそれしかないのだろうかという思いも二階のなかにないわけではないが、実際に押し寄せてくる津波の映像を見ると、高いところに逃げるしかなかった。それも「急ぐ」ということが大切だということを思い知らされたという。ゆっくりしていては間に合わないのだ。

「野球のタッチアップのように、打球が上がったときには走る方向を定めてスタートを切るぐらいじゃないと間に合わないのです。ごたごた理屈を言っていては、災害に巻き込まれる可能性が高まります。それが残念なことですが、先般の災害で実証されたことなのです」

そうした地域住民の意識と行動もさることながら、二階が大きく影響を受けたのは、東日本大震災のときに活躍した米国海兵隊の「トモダチ作戦」について、米国海兵隊太平洋基地政務外交部次長のロバート・D・エルドリッヂ氏から聞いた話だという。トモダチ作戦が成功した要因の一つとして挙げられるのは「対応の迅速性」だ。エルドリッヂ氏によれば、米国海兵隊は東日本大震災の十数分後には出動の準備に取りかかっていたという。こうした速やかな対応を可能とするのは、日頃から事前防災・減災の考え方に基づき、準備を怠らなかったからだという。

すでに各方面で語られているように、東海そして東南海、南海地震は近い将来、避けられないものであり、日本は国民の生命・財産をしっかりと守るために、その災害に備えなければならないのだ。

二階は国会質問でも、将来の首都直下型地震や南海トラフの地震発生懸念に加え、自然災害の規模の深刻化や発生する地域が変化していることなどを重視し、国民生活の安全・安心を守るために国土強靭化への取り組みを強化することはすでに「日本全体の共通認識になっている」と指摘している。

一方、二階は自らの提唱と働きかけで生まれた「世界津波の日」の発案者でもある。2015年12月の第70回国連総会本会議で採択された「津波の日」はそもそも二階の郷里である和歌山で1854年11月5日に起きた大津波の際の逸話に由来している。農民であった濱口梧陵《ごりょう》が自らの収穫した稲むらに火をつけ、早期に警報を発して住民を避難させ、村民の命を救い、さらには被災地のより良い復興に尽力した、「稲むらの火」として知られる逸話だ。

国連総会本会議で採択された決議内容は、

①11月5日を「世界津波の日」として制定する

②早期警報、伝統的知識の活用、「より良い復興」を通じた災害への備えと迅速な情報共有の重要性を認識する

③すべての加盟国、組織、個人に対して、津波に関する意識を向上するために適切な方法で、世界津波の日を遵守することを要請する

などで、これによって日本だけでなく世界中で、津波の脅威についての関心が高まり、その対策が進むことが期待されている。

地震、そして気候変動による台風の巨大化や豪雨など、我が国を取り巻く未来の環境はいくつもの厳しい局面を内包している。国土強靭化推進本部を率いる二階俊

博は、日本国民の生命・財産をしっかりと守る立場にあるのだ。

二階は、2016年12月22日から23日にかけて、新潟県の糸魚川《いといがわ》市で大規模火災が発生した際に、この大規模火災における対応が重要な政治判断を伴うものであると早い段階で判断し、それまで地震にしか適用されてこなかった「被災者生活再建支援法」をこの糸魚川市の火災案件にも適用するように主張したのだ。

出火元であるラーメン店からの火災は、強風にあおられてたちまち広範囲に拡大し、死者こそ出なかったものの、多くの家屋の消失と避難を余儀なくされる被災者を生んだ。このとき、すでに政府・与党内で絶大な発言力を持っていた二階の根回しで、「被災者生活再建支援法」の適用が即座に決定し、12月31日には二階自ら関係議員を連れて現地入りし、自治体からの要望を聞いている。

たとえ大晦日であっても仕事に取り組む二階の姿勢に、地元住民らからは感謝の声が上がったという。

ここでは、2018年12月14日に閣議決定のうえで変更された改訂版を、内閣官房の発表より「国土強靭化」の概要をご紹介する。

国土強靭化基本計画

強くしなやかな国民生活の実現を図るための防災・減災等に資する国土強靭化基本法（平成25年法律第95号）第10条第6項において準用する同条第3項の規定に基づき、国土強靭化基本計画（平成26年6月3日閣議決定）の全部を別冊のとおり変更する。

はじめに

平成25年（2013年）12月11日に、「強くしなやかな国民生活の実現を図るための防災・減災等に資する国土強靭化基本法（平成25年法律第95号。以下「基本法」という。）」が公布・施行されて以来5年が経過した。

基本法の前文で掲げられているように「大規模自然災害等に強い国土及び地域を作るとともに、自らの生命及び生活を守ることができるよう地域住民の力を向上させる」ため、「国土強靱化基本計画（平成26年6月3日閣議決定）」（以下「本計画」という。）に沿って、政府一丸となって取組を推進してきた。

本計画は、国土の健康診断に当たる脆弱性評価を踏まえて、強靱な国づくりのためのいわば処方箋を示したものであり、また、国土強靱化に関する施策の総合的かつ計画的な推進を図るため、本計画以外の国土強靱化に関する国の計画等（以下「国の他の計画等」という。）の指針となるべきものとして策定したものである。

本計画における取組はおおむね計画どおりに進捗したと評価できる一方、大規模地震の発生確率の増加、異常気象の頻発・激甚化等を踏まえれば、我が国において国土強靱化の取組は引き続き喫緊の課題である。

近年の災害から得られた貴重な教訓や社会経済情勢の変化等を踏まえて、ここに本計画を見直し、その歩みの加速化・深化を図ることとする。

また、南海トラフ地震、首都直下地震等によって国家的危機が実際に発生した際に我が国が十分な強靱性を発揮できるよう、本計画を基本として国の他の計画等関係する国の計画等の必要な見直しを進めることにより国土強靭化に関する施策を策定・推進し、政府一丸となって強靭な国づくりを計画的に進めていくこととする。

第1章　国土強靭化の基本的考え方

(1) 国土強靭化の理念

我が国は、その国土の地理的・地形的・気象的な特性ゆえに、数多くの災害に繰り返しさいなまれてきた。そして、規模の大きな災害であればあるほどに、まさに「忘れた頃」に訪れ、その都度、多くの尊い人命を失い、莫大な経済的・社会的・文化的損失を被り続けてきた。しかし、災害は、それを迎え撃つ社会の在り方によって被害の状況が大きく異なる。大地震等の発生の度に甚大な被害を受け、その都度、長期間をかけて復旧復興を図る、といった「事後対策」の繰り返しを避け、今一度、大規模自然災害等のさまざまな危機を直視して、平時から大規模自然災害等に対する備えを行うことが重要である。東日本大震災から得られた教訓を踏まえれば、大規模自然災害等への備えについて、予断を持たずに最悪の事態を念頭に置き、従来の狭い意味での「防災」の範囲を超えて、国土政策・産業政策も含めた総合的な対応を、いわば「国家百年の大計」の国づくりとして、千年のときをも見据えながら行っていくことが必要である。そして、この国づくりを通じて、危機に翻弄されることなく危機に打ち勝ち、その帰結として、国の持続的な成長を実現し、ときどきの次世代を担う若者たちが将来に明るい希望を持てる環境を獲得する必要がある。

　このため、いかなる災害等が発生しようとも、

①人命の保護が最大限図られること
②国家及び社会の重要な機能が致命的な障害を受けず維持されること
③国民の財産及び公共施設に係る被害の最小化
④迅速な復旧復興

　を基本目標として、「強さ」と「しなやかさ」を持った安全・安心な国土・地域・経済社会の構築に向けた「国土強靭化」（ナショナル・レジリエンス）を推進することとする。

この国土強靱化に向けた官（国、地方公共団体）民（住民、民間事業者等）による取組を精力的に進め、いかなる事態が発生しても機能不全に陥らない国家及び社会の重要な機能を平時から確保しておくことは、地域住民の生命・財産、産業競争力及び経済成長力を守ることのみならず、国・地方公共団体・民間それぞれに、状況変化への対応力や生産性・効率性の向上をもたらす。また、国土強靱化の推進による新規市場の創出や投資の拡大等によって国の成長戦略に寄与することで、我が国の経済成長の一翼を担い、国際競争力の向上、国際的な信頼の獲得をもたらすものである。

このため、国土強靱化に向けた取組を府省庁横断的に、地方公共団体や民間とも連携して、総合的に推進することとする。

（2）国土強靱化を推進する上での基本的な方針

国土強靱化の理念を踏まえ、事前防災及び減災その他迅速な復旧復興、国際競争力の向上等に資する大規模自然災害等に備えた国土の全域にわたる強靱な国づくりについて、東日本大震災や熊本地震、近年各地で発生する風水害など過去の災害から得られた経験を最大限活用しつつ、以下の（1）～（4）の方針に基づき推進する。

なお、国民生活・国民経済に影響を及ぼすリスクとしては、自然災害のほかに、原子力災害などの大規模事故やテロ等も含めたあらゆる事象が想定され得るが、南海トラフ地震、首都直下地震等が遠くない将来に発生する可能性が高まっていることや、気候変動の影響等により水災害、土砂災害が多発していること、一たび、大規模な自然災害が発生すれば、国土の広範囲に甚大な被害をもたらすものとなることから、本計画では、まずは大規模な自然災害を対象とすることとした。

（1）国土強靱化の取組姿勢

①我が国の強靱性を損なう本質的原因として何が存在しているのかをあらゆる側面から吟味しつつ、取組にあたること。
②短期的な視点によらず、強靱性確保の遅延による被害拡大を見据えた時間管理概念とＥＢＰＭ（Evidence - based Policymaking：証拠に基づく政策立案）概念の双方を

持ちつつ、長期的な視野を持って計画的な取組にあたること。

③各地域の多様性を再構築し、地域間の連携を強化するとともに、災害に強い国土づくりを進めることにより、地域の活力を高め、依然として進展する東京一極集中からの脱却を図り、「自律・分散・協調」型国土構造の実現を促すこと。

④我が国のあらゆるレベルの経済社会システムが有する潜在力、抵抗力、回復力、適応力を強化すること。

⑤市場、統治、社会の力を総合的に踏まえつつ、大局的、システム的な視点を持ち、制度、規制の適正な在り方を見据えながら取り組むこと。

（2）適切な施策の組み合わせ

⑥災害リスクや地域の状況等に応じて、防災施設の整備、施設の耐震化、代替施設の確保などのハード対策と訓練・防災教育などのソフト対策を適切に組み合わせて効果的に施策を推進するとともに、このための体制を早急に整備すること。

⑦「自助」、「共助」及び「公助」を適切に組み合わせ、官と民が適切に連携及び役

割分担して取り組むこととし、特に重大性・緊急性・危険性が高い場合には、国が中核的な役割を果たすこと。

⑧非常時に防災・減災等の効果を発揮するのみならず、平時にも有効に活用される対策となるよう工夫すること。

（3）効率的な施策の推進

⑨人口の減少等に起因する国民の需要の変化、気候変動等による気象の変化、社会資本の老朽化等を踏まえるとともに、強靱性確保の遅延による被害拡大を見据えた時間管理概念や、財政資金の効率的な使用による施策の持続的な実施に配慮して、施策の重点化を図ること。

⑩既存の社会資本を有効活用すること等により、費用を縮減しつつ効率的に施策を推進すること。

⑪限られた資金を最大限に活用するため、ＰＰＰ／ＰＦＩによる民間資金の積極的な活用を図ること。

⑫施設等の効率的かつ効果的な維持管理に資すること。
⑬人命を保護する観点から、関係者の合意形成を図りつつ、土地の合理的利用を促進すること。
⑭科学的知見に基づく研究開発の推進及びその成果の普及を図ること。

（４）地域の特性に応じた施策の推進

⑮人のつながりやコミュニティ機能を向上するとともに、各地域において強靱化を推進する担い手が適切に活動できる環境整備に努めること。
⑯女性、高齢者、子供、障がい者、外国人等に十分配慮して施策を講じること。
⑰地域の特性に応じて、環境との調和及び景観の維持に配慮するとともに、自然環境の有する多様な機能を活用するなどし、自然との共生を図ること。

などとなっており、このあと
第2章　脆弱性評価
第3章　国土強靱化の推進方針
第4章　計画の推進と不断の見直し
と続く。
巻末には「おわりに」として以下の文章が掲げられている。

おわりに～強靱な国づくりに向けて～

国土の強靱化に向けた取組は、これまで各府省庁が分野ごとに縦割りで取り組んできた施策を、共通の目標に即して組み立て直す作業でもある。各府省庁においては、府省庁間の垣根を越えた実効ある連携体制のもとで、必要な施策を計画的に実行に移していくことが肝要である。

このためには、本計画のアンブレラ計画としての機能の十分な発揮、脆弱性評価の進化、ＰＤＣＡサイクルの徹底のための定量的指標を設定した進捗管理、課題解決のための継続的な調査検討、プログラム・施策の重点化等を通じて、強靭化の取組を順次ステップアップしていくことが肝要である。災害等についての検証を通じて知見や教訓を得て、次に活かす、このような作業を積み重ね、「国家百年の大計」である本計画の不断の見直しにつなげていく。

一方、国土強靭化は国だけで実現できるものではなく、地方公共団体や民間事業者を含め、すべての関係者の叡智を結集し、国家の総力を挙げて取り組むことが不可欠である。そして、国民一人ひとりが、自助、共助の精神を世代を超えて受け継ぎ、人任せではなく、自らの身は自らが守り、お互いが助け合いながら地域でできることを考え、主体的に行動する文化を根付かせることが取組の基礎となる。

このため、国においては、本計画の推進・進捗管理を行うのみならず、本計画の内容が、国民に正しく理解され、地方公共団体、民間事業者や国民の行動規範に広く浸透し、適切に実行されるよう努める。また、全国の都道府県・市町村による基本法に基づく地域計画の策定の加速化や実施への支援を強化するとともに、各々の地域計画では対応しきれない課題について国家的見地から調整していくこととする。
これらが本計画に反映されること等を通じて、強靭化の取組を昇華させつつ、強靭な国づくりを着実に実現していくこととする。

…………………………………………………………………

ここに謳われた「これまで各府省庁が分野ごとに縦割りで取り組んできた施策を、共通の目標に即して組み立て直す作業でもある」という一文はとてつもなく重要である。二階の「答えは現場にある」という災害に対する持論と、災害に際して政治家や役人が理屈をこねている暇はないという主張を鑑みれば、この縦割りを解消するという方針が、二階の思いから生まれたことは想像に難くない。

二階は、2019年11月13日、「国土強靭化」を推進する党所属議員と経済界との会合に出席し、公共事業費の増大を警戒する財務省に対して「財務省に政治をやってもらっているんじゃない。ケンカしなきゃいかんところはケンカする」と牽制して予算確保に強い決意を示したことがある。このときの主張は、「財政規律をいくら守っても、命を失ったら何もならん。公共事業はけしからんと言う方がけしからん」というもので、官庁側の消極的な姿勢に声を荒げる場面もあったという。この日は、全国町村議長らとの会合にも出席し、「財政当局の大変な抵抗にあって、私は腹が立っている」と語った。

さらに2020年7月、退陣表明直前の安倍晋三首相に、政府が9日に示した来年度予算編成の指針となる「骨太方針」案に国土強靭化への意欲的な記述がないとして反発。これに防災・減災対策を推進する立場の公明党は連携して案を見直させる考えを確認する結果となった。公明党の斉藤鉄夫幹事長は記者会見で、政府の「防災・減災に対する認識がまったく甘い」と発言し、政府の骨太方針案を強く批判した。

これを受けて、二階は10日、首相官邸で首相と会談し、国土強靭化に関する要望書を手渡した。そこには2021年度以降の関連予算について「内容の充実とともに大幅な予算規模の拡大を図る」と記されており、これに首相は「しっかりやります」と述べたという。背景にあるのは、2018年に国土強靭化に向けた3年間の緊急対策を決定した政府に対し、2020年度までに総事業費で約7兆円を投じ、うち国費は3兆円台半ばと決められている予算について、この要望では2021年度以降の予算の拡充や、新たな計画の策定を求めたものである。二階は、事前防災を推進するよう促した。

二階は、かねてより党で国土強靭化緊急対策の延長と予算規模の拡大を求める決議をまとめ、安倍晋三前首相に提言してきている。その姿勢と方針は、首相が誰であろうと変わることはないのだ。

国民の生命と財産を守るために、起きてしまった災害に対応するのではなく、起こる前に対策を講じることが大切であり、そこにしっかりと予算を配分すべきである。これが二階の基本姿勢なのだ。

第八章
国土強靭化と観光立国

再び観光立国を目指して

二階俊博が「国土強靭化」とともに掲げる大きな政策の柱が「観光」である。2020年新型コロナウイルスの影響で大きな打撃を被った形の日本の観光業界であるが、この災禍が過ぎ去った後、あるいはウィズコロナのなかで、日本の観光業界を再興し、観光立国を推進していくことは、二階にとって、政治家としての大きな目標の一つなのだ。

その背景には、代議士になった直後にアフリカで開催された「列国議会同盟」に出かけたのを皮切りに、幾度となく海外を巡った経験から生まれた国際的な感覚が大きく影響していることは確かだろう。

それ以前、和歌山県会議員時代の1976年、仮谷志郎和歌山県知事を団長とする「和歌山県日中友好の翼」に参加。県会議員時代に中国2回、韓国1回、海外を訪れている。その後の、二階俊博の海外を巡った歴史の一部を振り返ってみよう。

１９８５年

代議士になりたての二階は、田中角栄の配慮でアフリカのトーゴで開催された列国議会同盟（ＩＰＵ＝Inter-Parliamentary Union）に出席するために、16日間に及ぶ外遊を経験した。このときは同時にエチオピア視察も行っている。

１９８７年・夏

スポーツ文化交流使節団の団長として、アフリカのチュニジア、カメルーン、コートジボワールを訪問した後、金丸信の親書を携えてトルコを訪問している。

１９８８年７月２日

金丸信を団長とする「日本・トルコ友好親善使節団（空飛ぶシルクロード）」がトルコを訪問。「日本・トルコ航空路開設に関する委員会（渡部恒三・委員長）」が主催し、日本トルコ友好議員連盟が後援して計画されたもので、国会議員30人を含む総勢300人という異例の大使節団である。

2002年5月22日〜24日

菅義偉国土交通政務官を団長とする使節団が、前年に同時多発テロに襲われたニューヨークを訪問した。1000人に及ぶ官民合同使節団である。イベント自体は「ビジット・ニューヨーク1000（VISIT N.Y.1000）」と銘打たれ、国土交通省や日本旅行業協会が主催し、ニューヨーク市観光局などが後援するものであり、これに合わせて旅行代理店6社が3泊5日のニューヨークツアーを1000人募集した。

日本旅行業協会の会長として参加した二階俊博は、このイベント自体が小泉総理とブッシュ大統領の会談から生まれたものであり、さらに日米観光協議の立ち上げを合意し、覚書が調印されたことを挨拶で述べ、両国間の観光交流を一層拡大させたいと語った。前代未聞の参加者を集めたこのイベントは、同時多発テロ以降の観光振興に大きな役割を果たすものとなった。

二階は2000年の6月に『観光立国宣言――躍動の観光産業を語る・二階俊博対談集』という書籍を上梓しており、当時小渕第2次改造内閣で運輸大臣だった二階は、その時点ですでに国における大きな産業の柱として観光に着目し、海外への渡航と同時に、訪日外国人数の増進に意欲を見せている。

新型コロナウイルス感染症の蔓延する直前の状況を見ると、日本政府観光局（JNTO）の発表では、2019年の訪日外国人数（推計値）は、前年比2・2％増の3188万2100人で、過去最多を更新している。さらに旅行消費額も6・5％増の4兆8000億円に達しているのだ。

これが、二階が目指してきた観光立国のあるべき進捗状況であり、順風満帆で推移すれば、オリンピック・パラリンピックを迎える予定だった2020年には3500万人を軽く突破し、さらに万博などさまざまなイベントにも後押しされて、年間4000万人以上の外国人が日本を訪れることは確実視されていた。いずれはこの災禍が収束し、再び観光業界が大きな振興を達成することは、二階がいる限り間違いないだろう。

それでは、『観光立国宣言』という書籍の冒頭にある二階の当時の思いを引用してみよう。

「観光」は、中国の『易経』にある「国の光を観る」に由来する言葉であり、一観光団体や一地方、また一業界が取り組むには途方もなく幅広い世界であり、奥の深い産業であります。その国、その地方の歴史と伝統と文化そのものでもあります。

したがって、国や地方や業界や世界の国々が力を尽くし合って、発展繁栄の道を探っていかなければなりません。そのためには、より多くの人々に旅行、観光に深い関心と興味を寄せて頂き、ともに手をつないで、前進することが大切だと思っています。

という書き出しから、

幸い景気もやや明るさを取り戻しつつあり、観光産業もその一翼を担うために、昨年秋、関係の皆さんが心を1つにして「観光産業振興フォーラム」を結成されました。

また地方においては、各々の地域の知事さんや観光文化の分野でご活躍されている有力な皆さんに立ち上がって頂き、「○○地域の観光を考える百人委員会」のようなかたちで静かに花開きつつあります。

昔から砂漠の旅人たちは、「次に来る旅人のために泉を清く保て」というジンギスカンの教えを「泉の掟」として、永遠に守っていると言われています。観光の未来を拓くために、観光に携わるすべての人々が「次に来る旅人のために」何をなすべきかを心に問い掛けながら、お互いに内外の旅人をお迎えする温かい気持ちをもって努力を続けることこそ重要であります。

二階はこの時点ですでに観光産業の重要性に着目し、大きな可能性を見出していたのである。ちなみに同書の巻頭で、瀬島龍三は二階のことをこう書いている。

国政に携わっている政治家のなかでも、観光に対する識見、造詣の深さや観光産業発展のための洞察力、実行力、情熱において並ぶものはおそらくいないのではないかと確信しています。

前観光政策審議会会長であり広域連携観光振興会議（WAC）最高顧問の瀬島から、全幅の信頼と期待を寄せられていたことがわかる。それ以降、二階は観光の推進、特にインバウンドと呼ばれる訪日外国人観光客の増加を視野に入れていたのである。

そしてコロナ禍の襲来する前の2018年1月24日に開催された第196回国会における二階俊博幹事長代表質問のなかでは、

昨年の訪日観光客は2800万人を超え、これまでの長年にわたる関係者の努力が実を結び、「観光立国」への道を着実に歩みつつあります。

ビザ緩和やクルーズ船対策等も効果が表れつつあります。

来年（2019年）1月には「国際観光旅客税」も創設されることも決まり、税関、入国管理、検疫機能の拡充やテロ対策など、安心安全の面で体制強化も急務であります。

「観光」という言葉は「易経」の「国の光を観る」という言葉が語源とも言われます。今では観光を語らない自治体関係者はいなくなりましたが、自国の文化や伝統を発信する一方で、他国の優れた部分を学ぶ姿勢も併せて重要であります。その観点から真の「観光立国」を目指すため、インバウンドだけではなく、「双方向」での「観光交流」が重要であると考えます。

とあり、伸長を続ける観光産業に大きな期待と将来性を見出していたことを物語っている。

１９８９年を起点に考えると、およそ30年の間に年間の訪日外国人旅行者数は約11倍に増えているのだ。滞在先についても東京や京都といった従来の滞在先だけでなく、地方にも広がっている。新型コロナウイルス感染症が広がりを見せる前までは、観光庁は、２０３０年には訪日外国人旅行者数８０００万人という目標を掲げていたのである。

観光庁によれば、１９８９年に年間２８４万人だった訪日外国人旅行者数は、２０１８年に３１１９万人に達し、日本から海外を訪れる日本人の数を大きく上回るようになっている。２００３年に始まった「ビジット・ジャパン」キャンペーン以降、訪日外国人旅行者数は増加し続け、２０１３年からは6年連続で過去最高を更新するなど伸びが顕著であり、またさまざまな国・地域からの訪日が増えているという。特に中国、韓国、台湾、香港、タイ、シンガポールなど東アジア・東南アジア地域からの外国人旅行者数が急増し、2018年は全体の84・5%を占めるようになっているのである。

これに伴い日本国内の滞在先も多様化してきており、2011年には延べ外国人宿泊者数全体の66・5%もの人が三大都市圏（東京、神奈川、千葉、埼玉、愛知、大阪、京都、兵庫）に集中していたが、2017年はそれが59・0%と6割近くにまで減少し、それに代わってそれ以外の地域の宿泊者が41・0%と増加して、地方部で滞在を楽しむ外国人旅行者も増えたと同庁は推測するようになった。

こうしたなかで、同庁では2016年に観光立国の実現に向けた新たな方針「明日の日本を支える観光ビジョン」を策定し、これに基づきさまざまな施策を展開してきている。その施策の一つがICT等を活用したプロモーションの強化である。たとえば、訪日関連情報のビッグデータ・SNSの分析結果等を活用した、利用者の属性や関心に沿った的確な情報発信、海外で知られていない地域の観光資源を活用したプロモーションなど、より効率的・効果的なプロモーション事業を実施予定である。このほか、中東や中南米等の訪日インバウンドの成長が見込まれる新たな地域からの誘客も目指している。

また外国人旅行者の満足度向上を目指し、日本らしい自然・文化を持つ地方部への誘客と、不足気味だった「各地の魅力を体験する」施策に力を入れるとし、伝統芸能の夜間開催、森林での自然体験、季節を問わないビーチの活用等を例に挙げる。さらに「泊まって楽しむ」体験型宿泊拠点として、古民家の宿泊施設利用、伝統的な旅館の利便性向上なども進めるという。早くから外国人観光案内所や無料Ｗｉ－Ｆｉといった外国人旅行者向け施設・サービスを整備した岐阜県高山市では、外客宿泊数が大幅に増加し、２０１７年には50万人を超えた。長野県飯山市は北陸新幹線の開業とともに案内所機能や「かまくら（屋外に作った雪洞）」で食事を楽しむといった体験型コンテンツの紹介・手配を強化し、こうした商品の販売実績を倍増させている。

これは二階の掲げる地域密着型の発展施策とも合致するものであり、二階自身が推進してきた観光立国と地方創生という2本の施策がここに来て一つの流れとして認識されてきたとも言えるのだ。

さらに訪日外国人旅行者からの改善要望として、出入国手続きの時間短縮、空港・港湾からの公共交通機関の整備などがあり、同庁ではこれらに対応した「ストレスフリーで快適に旅行できる環境の整備」を行うという。具体的には、顔認証や電子申告などを活用した出入国審査等の時間短縮、交通機関の多言語対応・無料Wi－Fiサービス対応などの導入支援である。なお、これまで紹介した施策の一部に2019年1月から導入された国際観光旅客税も活用しつつ、負担者の納得がいくよう取り組むこととしている。

新型コロナウイルス感染症の過ぎ去った後、いかにして元の路線に戻り、そしてそれをより一層強化していけるのか。今こそ二階の指導力と先見の明が発揮されるときなのだ。

「私は一度も総理になろうと思ったことはありません」

終章

二階俊博かく語りき

――自由民主党幹事長というのはどんなお仕事ですか？

組織というものは政党に限らず人が集まるものであり、そこにはどうしても諍いがあったり、あるいはせっかくある想いを抱いて我が党に来てくださったのに、この組織はいづらいなという思いを持つ方が出てきたりします。そうしたことが起きないように、あるいはそういう方が出ないように、きちんと気を配ることが幹事長としてまず大切な職務だと思っています。いわばマネージャーのような役割でしょうか。よく「人心掌握」などと恰好よく言う向きもありますが、もっともっと泥臭い、地道な仕事だと思います。また、必然的に党内のあらゆることに気を配らなければなりませんから苦労が多いだろうとおっしゃる方もいらっしゃいますが、苦労だと思ったことは一度もありません。自らに与えられた役割を理解し、それを淡々とこなしているというのが私なりの姿勢です。

――自分を幹事長に向いていると思いますか？

私はそもそも気が短くて、すぐ口論になったりすることが多いのです。しかし、立場上そういうわけにもいきません。そうした意味では私は幹事長という仕事に向いていないのかもしれません。しかし、党の皆さんのご協力のおかげでここまで長きにわたってやってこられたのだと思います。

――幹事長をやって良かったと思うことは？

毎日夕方になると、今日も無事に終わったなと思います。幹事長というのはそうした毎日の積み重ねです。ですから毎日良かったなと思っています。ここ（幹事長室）で6時にその日が終わったからそれで良いわけではなくて、夜になれば夜になったで、政治というのはそのあとにも未知数の動きがあるわけですが、とりあえず、私だけでなく党の皆さんの1日1日が、まずその日の仕事がつつがなく終わって良かったなと毎日思います。毎日良かったと思えるのは幸せなことですね。

――総理を目指さずに幹事長に徹されているように見えますが、総理をあからさまに目指さなかったというのはなぜですか？

それは自分のことをよく知っているからです。一度も総理になろうと思ったことはありません。ですから子ども時代から今まで、トップになるためにどう動こうという感覚もありませんでした。今は総裁をお支えし、党内の円滑な運営を遂行することが私にとってのすべてなのです。

――県議出身ということもあって地元・和歌山を大切にされていると伺いましたが。

私は県議を2期やりましたが、その後、田中角栄先生のお導きで国政に参加するようになりました。その後、長らくさまざまな運輸関連の仕事を経験してきました。災害があるたびに現地を訪れ、そうした経験から私が提唱している「国土強靭化」の思想も生まれてきたのですが、そもそも地域や地方があってこその国家であると私は考えています。

とかく「公共事業の推進」などと薄っぺらなことを言う方もいらっしゃいますが、それぞれの地域が発展してこそ国が発展するのだと思います。その地域が発展するためには近道はありません。きちんと公共事業を推進して、地域や地方を地道に発展・振興させていく、つまり公共事業を推進するのではなく、公共事業によって地域を発展させることが肝心だと思います。

東京など都市部はすでにさまざまな整備が進んでいますが、そうでない地域にあっては、それこそ「国土の均衡ある発展」という言葉が死語になってはいけないと強い態度で役人に迫ったこともあるくらいです。私のように地方から来た人間こそが、そうした姿勢を持たなければならないと思います。

――そういえば田中角栄という人は官僚をうまく使った人でしたね。

私など遥かに及びませんが、本当に偉大な指導者だったと思います。田中角栄の後継者は田中角栄しかいないと言われるほど、優れた能力をお持ちであり、評価の高い方でしたね。

実際に一緒に仕事をさせていただくと、物事を計画するときには極めて綿密で理論的なのですが、いざそれを実行に移していくときも推進力はありましたがものすごく緻密でした。世間ではコンピュータ付きブルドーザーなどと言われ、強引な印象が強い方ですが、実はとても繊細で緻密な方でした。そもそも一級建築士の資格をお持ちでしたし、勢いではなく理詰めで物事を進める方でした。もちろん田中角栄ならではと言える強引さと勢いもありましたが、世間ではその勢いと強引さの方ばかりが誇張されてしまっていると思います。

――二階さんは一時期自民党を離れた時期がありましたが、当時のことをどのように思い出されますか?

毎日が平穏無事で、なんの変哲もないというのは、それはそれで大切なことだとは思いますが、政治家である以上、マンネリといいますか、現状維持ではなく、より良い方向に物事が進展していくことを目指さなければいけないという思いがあったことは事実です。言ってみれば、これまでのやり方をただ踏襲しているだけでは世の中は良くならない。もっともっと思い切った、今でいう「改革」を推進しなければならないのではないか。という想いを、私は長らく漠然と持ち続けていたのです。そして、機会があればそれを形にしたいと想い続けていたのです。

よくお話しさせていただきますが、「これでいいのか日本の政治」という問いかけは、私にとっては心のなかの合言葉なのです。そんなことを日頃から言い続けていると、なにか大言壮語をしているように思われてしまいますが、私の心のなかでは常に問い続けている言葉です。そこで生まれた反省が将来のエネルギーになっていくのだと思います。私のなかにそのような日頃からの考えがあり、あの当時における周囲の状況から、自由民主党を去るという私の行動になったのです。

――あの当時いくつもの新党が誕生しましたが、今振り返ってどう思いますか。

まるで私がいくつもの新党を渡り歩いたように言われることもありますが、そんなことではなく、私が考えることに呼応するようにそこに新しい党が誕生したというのが正しい認識だと思います。それが私の理想に叶っていたからこそ、

自由民主党
新生党
新進党
自由党
保守党
保守新党

そして
自由民主党
という道を辿って行っただけで、決して渡り歩いたという意識があったわけではないのです。
私にとっては、自分の心に正直に、真剣に理想を追求していったら、結果的にそうなっただけのことなのです。

――当時、自民党に復党されるときに葛藤はおありでしたか？

そもそも「いったん自民党を出る以上はここには戻らない」という不退転の決意をもっての離党でしたから、自民党に戻ろうというときには随分考えました。しかし、請われて戻るのなら、それもまた一つの政治判断ですからね。自分の方から戻してほしいと願ったことは金輪際ありません。ところが大勢の先輩の皆さんから声をかけていただき、そして自民党に戻るように説得してくださったのです。それでお断りするのも申し訳ありませんでしたからね。戻ることを決心させていただくことになりました。

――そして自民党に戻られてから、自民党が野党になった時期がありましたが。

確かに厳しい時代でしたが、それは政治の流れですから、あれはあれで仕方のないことだったと思います。自民党が下野して野党になってしまう経験は、むしろ日本にとっては必要だったのではないでしょうか。「悪夢のような」という表現もありましたが、私たちだけでなく国民のなかでも、もう2度とああなってはいけないという想いを多くの方が共有したのではないかと思います。

――その後、政権を奪還するときの選挙では八面六臂《はちめんろっぴ》の活躍をされました。

何よりも同志の皆さんが当選しなければならないわけですから、そのためにどうすれば良いか、常にそのことは頭のなかにはありました。しかしそれは自由民主党だけで成し遂げることはできないのです、国民の皆さんからのご支持をいただいて初めて可能になるわけです。ですから自分たちの来し方ゆく末をどのように考えているかを、日本各地の地域の皆さんに素直に誠実に語っていくことが最も大切だと心がけました。

――こうして行われた野田佳彦政権下での第46回衆議院議員総選挙は２０１２年12月16日に投票・即日開票され、自民・公明両党は定数４８０議席のうち3分の2を超える３２５議席を獲得。民主党から3年ぶりに政権を奪還することになった。そこから自民党と公明党は連立政権発足に向けた協議を加速させ、大敗した民主党から政権を奪還することになったのである。安倍晋三総裁は投開票日の夜にテレビで政権の枠組みについて「まず自民党と公明党で連立政権を作ることは決めている。近々、政策合意をしていきたい」と述べ、自公連立政権が成立することが現実となったのである。このことは、取りも直さずその立役者となった二階俊博の存在が大きくなった瞬間でもあった。

◆

選挙の結果というのは、一人ひとりの国民の皆さんと、それぞれの地域で誠実にお話をさせていただいた成果だと思っています。

◆

常に奢ることなく、そうした姿勢を貫いていこうと考えました。

――「地域」とおっしゃいましたが、地方それぞれの考え方を大切にされているように感じます。

国があって地域があるのではなく、それぞれの地域があって初めて国があるのだと考えています。地域を大切にして繁栄させなければ国は栄えないと思っています。簡単に「地方創生」と言いますが、そうやって調子の良い言葉で飾るのではなく、本当に地域を、地方を大切にしていくような政治がなければならないと考えています。私たちは地域の住民の皆さんと真心で接することを忘れてはいけないのだと思います。

――二階幹事長は阪神・淡路大震災でも、東日本大震災でも、いちはやく現場に駆けつけました。

1995年に発生した阪神・淡路大震災のときには、現地対策本部の本部長としておよそ2ヵ月の間、東京と神戸、そして郷里である和歌山を行き来しながら懸命

に災害復旧に当たりました。

さらに2000年3月の北海道・有珠山《うすざん》の噴火の際には、運輸大臣兼北海道開発庁長官でしたから、ヘリコプターで現地を視察させていただきました。後で各方面からお叱りを受けましたが、そのヘリコプターで有珠山の火口に近づいて行ったのです。その瞬間に大噴火が起こり、間近に噴火を見る経験をいたしました。自然が持つエネルギーの凄まじさとパワーを直に感じた瞬間でした。

そうしたさまざまな経験から、私は「災害は現場」だと思っています。解決の手本も道筋も、そのヒントはみんな現場にあるのです。ですから一刻も早く現場に到達することが大切だと考えています。現場第一主義といいますか、予算がどうの、財政がどうしたのと言っている暇があったら現場を見なければならないのです。現場では人の命が危険に晒されていることを忘れてはならないのです。現場にこそ答えがあるのです。私が災害現場にいち早く駆けつけることの根底にはそうした思いがあるのです。

——そのお考えのもとになった災害の記憶は？

私の郷里は和歌山県ですが、私がまだ小学生だった1946年に「昭和南海地震」が起こり、中学生時代の1953年7月には「紀州大水害」（28年水害、別名7・18水害）が起こっています。特に「紀州大水害」は集中豪雨による水害で、和歌山県中部を中心に山崩れや崖崩れ、洪水などが起こって、和歌山県史上最悪の気象災害となりました。どちらの災害も多くの犠牲者を出しましたし、多くの被災者の皆さんの生活を困窮させることになりました。ふるさとの紀州・和歌山というのは「台風の通り道」とも言われ、襲来も多いですし、その歴史は災害とともにあったとも言える地域なのです。私が政治家として防災・減災対策に携わり、国土強靱化を掲げることの原点はそこにあるのです。そして、そこで学んだことが現場第一主義なのです。大きな災害にあっては、立ち止まって理屈をこねている暇はありません。いかに迅速にその事態にどのように対応するか、これが肝心なのです。

——都会で生まれ育った政治家にはない感覚ですね。

都会の方は都会の方のセンスがおありなのでしょうが、我々のような地方出身の

政治家は、地域の方と一緒に、力を合わせて歩んできましたから、そこではお互いが相手に対して飾ることなく、お互いにお世辞を言い合うこともなく、そのまま、ありのままの姿勢で話し合うことができるのです。これが私の政治家としての信条の一つなのです。経済の成長がどうしたこうしたときれい事を言っても、1回災害が起これば、そこに暮らす人々の命はもちろん、地域の歴史も、あるいは存在自体も消されかねない状況になるのです。そんななかで人命第一にどう対応するのか、その答えは現場にしかないのだと私は思っています。

——国政と地方政治の違いとは何でしょう?

私は、父が和歌山県会議員だったこともあり、ふるさとの県会議員を2期やって、それから衆議院選に出ました。いきなり衆議院選に出たほうが良かったのではないか、という方もいらっしゃいますが、いきなり出て落選では意味がありませんからね。ふるさとの大切さを認識する意味でも和歌山県会議員としての経験は大切なものだったと思っています。

おかげさまで県会議員から数えて12回連続当選、高校での生徒会長選も数えれば

13回連続当選させていただいています。

そうした経験から学んだのは、先ほども申しましたように、政治は決してテクニックではないということです。人を説得するにせよ、協力を仰ぐにせよ、誠心誠意、相手に接するということが大切だと思います。それに勝るものはありません。幹事長として、自由民主党の皆さんにその精神をお伝えしていけたらと思っています。

――政治家として、幹事長としての今の思いを教えてください。

よく自由民主党に対して、政権に固執するというか、権力に対する執着があるように言われる方も少なくありませんが、実は自民党というのは、人が思うよりもずっと純粋に政治のことを考えている政党なのです。そのなかでテクニックを弄するようなことではなく、昔から変わることなく私たちが考えてきたことは、常に「ふるさとのために」という考えです。人間は、何よりもふるさとあってのことですからね。そして政治家というのは、ふるさとの方たちに育てられ、教えられ、鍛えられて、初めて政治の道を歩むことが可能になっているのではありませんか。それが原点なのです。

国民のためになどという大げさなものではなく、私はいつも郷土のために、郷土とともにありたいと考えています。それがひいては国であり、世界に繋がっていくのだと思います。それこそ、小さなふるさとが集まって国ができ、その国が集まったものが世界なのだと思います。

愛妻家として

２０１８年12月26日水曜日、二階俊博の最愛の妻である怜子さんが亡くなった。享年77歳、都内の病院でひっそりと息を引き取ったという。

二階との初めての出会いは二階が19歳の頃である。中央大学に在学していた二階のところに、二階の父親から連絡が入った。父親の友人から、二階と同じように東京の大学を受験することになった娘のために、東京を案内してやってほしいという依頼だった。

二階は受験のために上京する怜子さんと母親を東京駅まで迎えに行った。そこで生まれて初めて二階俊博と後に妻となる怜子さんは出会ったのである。ところが話してみると、父親同士が友人ということは、同じ地域で育ったということであり、なんと玲子夫人と二階は、和歌山の同じ小学校、中学校、そして高等学校に在学していたことが判明するのである。２学年離れていたせいか、東京で二階が母娘を案内するまで面識はなかったというが、少なくとも物理的には「初対面」ではなかったかもしれない。「おさななじみ」というわけではないが、少なくとも同郷の、そして同窓の相手同士だったわけである。

前出の通り、二階は和歌山県立日高高等学校が母校である。県内随一の進学校であり、成績優秀な学生が集まることで知られている。その和歌山県立日高高等学校が1956年、春の全国選抜高等学校野球大会の地方予選を突破して、甲子園球場に行くことになった。その際に同校には応援団がなかったことから二階が先陣を切って応援団を結成し、応援団長として甲子園球場に行ったという経緯がある。さらにその翌年には、その甲子園に駆けつけた応援団結成の実績を買われて同校の生徒会長となり、校内ではおそらく有名人になっていたはずである。そのことを怜子夫人が知っていたかどうかは定かではない。

ちなみに二階によれば、怜子夫人は

「甲子園に行って大勢の応援団員の前で〝フレーフレー〟なんてやるような人と一緒になるなんて思わなかった」

と語っていたそうである。

結婚前は二人で神田の古本屋街を巡るのが好きで、それがデートだったというが、二階と結婚する際には「そもそも政治家にはならない」というのが結婚の前提だったという。新婚生活は、国立市の四畳半一間の部屋からのスタートだった。

二階本人は照れて否定するが、大恋愛だったようで、二階の怜子夫人への心遣いが現れている。二階は語る。

「妻は政治活動や選挙など大嫌いな人間でした。でも選挙になると一所懸命にやってくれました」

そんなときに彼女が語ったのは、

「余所《よそ》の方があんなに一所懸命やってくださっているのに、家の者がやらないわけにはいかないでしょう」

という言葉だったという。

それではまるで、怜子夫人はいやいやながら二階の政治活動や選挙運動に駆り出されているように聞こえるが、どんなときも夫の演説に足を運んだという。周囲の怜子夫人への評価は、「決して前に出すぎることなく控えめな奥様でしたが、周囲を優しく気遣う方だった」というもので、特に地元御坊市では、その人望は厚く、多くの人に慕われていたという。

当初は政治家になることには決して賛成ではなかった怜子夫人を、どうやって説得したのかを二階に尋ねると、

「そもそも家のなかをきちんと治められないようでは、政治家は務まりません」

と厳しい言葉が返ってきたが、それでも怜子夫人の想い出を語るときには、遠くを見るような、一瞬寂しげな表情をした。亡くなる2日前には、半日ほど夫婦だけの時間を病室で過ごせたという。

おわりに

物心がついた頃から、政治の世界には魑魅魍魎《ちみもうりょう》が棲んでいるというイメージを抱いてきた。政権争いという言葉を胡散臭いと感じたり、政略や党利党略という言葉に嫌悪感を覚えたり、ときとして厚顔無恥にメディアの追及をかわす政治家の対応ぶりに業を煮やしたりもした。

しかしながら、そうした政治家たちがいなければ、天下国家は回っていかないものであるし、「行政」や「司法」と並んで「立法」が存在してこそ、三権分立が成り立つことも事実である。

本書を執筆するにあたり、二階俊博氏はもちろんのこと、歴代の幹事長を務められた各氏に直接お会いする機会を得た。そして短い時間ではあったが、ご尊顔を拝しながらお話を伺うことができた。

その際に、筆者は自分のなかに存在するさまざまな既成のイメージや情報を脳裏から排し、できる限り白紙の状態でお話を伺うように心がけたのだが、二階氏はもとよりお話を伺った元幹事長経験者各氏の素顔は、とても人間的で、紳士的で、そして心配りのあるものであった。

改めて、政治家も人の子であることを痛感し、こう申し上げては不遜だと思うが、各氏のお話を興味深く、かつ楽しく伺うことができた。

そこで心に浮かんだのは、メディアや評論家の諸兄諸姉がお話しになる政治家像というのは、必ずしも正確な人物像ではなく、多くの場合意図的に歪められているものであり、誇張や偶像がかなりの比率で入り込んでいるという実感だった。

さらに、公的な政治家としてのONの状態のときと、一個人としてのOFFの状態のときでは、同じ事象に対する対応であっても、おそらくまったく違う人物像が登場するであろうことは想像に難くない。幹事長在任日数であの田中角栄氏を抜き、歴代最長となった二階俊博氏を中心に、自由民主党の幹事長という党内における最重要であると言われる要職の、その責務の重さ、責任の大きさ、職務の重要性といった要素を、建前ではなく本音で「人間」を描くという観点から取材・執筆させていただいたつもりである。

ご登場いただいた元幹事長の諸氏、さらに登場された政治家諸氏、さらにすでに鬼籍に入られている諸氏に感謝申し上げます。そしてなによりも、ご無理を承知でお願いするインタビューに時間を割いてくださり、筆者の愚問に快く、そして丁寧に優しくお答えいただいた二階俊博氏に、心より御礼申し上げたい。

渓清拝

平成 12 年 4 月～平成 12 年 7 月	森内閣　運輸大臣
平成 12 年 4 月～平成 12 年 7 月	森内閣　北海道開発庁長官
平成 12 年 7 月～平成 14 年 12 月	保守党国会対策委員長
	保守党選挙対策委員長
平成 12 年 7 月～平成 14 年 12 月	保守党和歌山県総支部連合会会長
平成 13 年 9 月～平成 14 年 12 月	保守党幹事長
平成 14 年 12 月～平成 15 年 11 月	保守新党幹事長
	保守新党選挙対策委員長
	保守新党和歌山県総支部連合会会長
平成 16 年 9 月～平成 17 年 10 月	自由民主党総務局長
平成 17 年 5 月～平成 17 年 8 月	衆議院郵政民営化特別委員長
平成 17 年 9 月～平成 17 年 10 月	衆議院郵政民営化特別委員長（再任）
平成 17 年 10 月 31 日～平成 18 年 9 月 26 日	第 3 次小泉改造内閣 経済産業大臣
平成 18 年 9 月 25 日～平成 19 年 8 月 27 日	自由民主党国会対策委員長
平成 19 年 8 月 27 日～平成 20 年 8 月 1 日	自由民主党総務会長
平成 20 年 8 月 2 日～平成 20 年 9 月 24 日	福田改造内閣 経済産業大臣
平成 20 年 9 月 24 日～平成 21 年 9 月 16 日	麻生内閣 経済産業大臣
平成 25 年 1 月～平成 25 年 9 月	自民党総務会長代行
平成 25 年 10 月 15 日～平成 26 年 9 月 30 日	衆議院予算委員長

平成 21 年 9 月 13 日～	自由民主党和歌山県支部連合会 会長
平成 23 年 10 月～	自民党政務調査会国土強靭化総合調査会 会長
平成 26 年 9 月 3 日～平成 28 年 8 月 3 日	自民党総務会長
平成 28 年 8 月 3 日～	自民党幹事長

二階俊博　プロフィール

1939年（昭和14年）2月17日生まれ。うさぎ年。
1951年3月　御坊市立御坊小学校卒業
1954年3月　御坊市立御坊中学校卒業
1957年3月　和歌山県立日高高等学校卒業
1961年3月　中央大学法学部卒業

（主な経歴）

昭和36年4月～昭和47年12月	故遠藤三郎元建設大臣秘書
昭和49年6月	御坊サイクリング協会会長
昭和50年4月30日～昭和58年4月29日	和歌山県議会議員
昭和54年5月～昭和55年7月	県議会建設文教常任委員長
昭和56年7月～昭和58年4月	県議会関西国際空港特別委員長
平成2年2月～平成2年12月	運輸政務次官（46代）〈海部内閣〉
平成3年1月～平成3年11月	衆議院予算委員会理事
平成3年2月～平成3年10月	衆議院運輸委員会筆頭理事
平成3年11月～平成4年12月	衆議院国会等の移転に関する特別委員会理事
平成3年11月～平成4年12月	自由民主党環境対策委員長
平成4年12月	財団法人 地域伝統芸能活用センター理事
平成4年12月～平成5年6月	自由民主党交通部会長
平成5年8月～平成6年4月	運輸政務次官（50代）〈細川内閣〉
平成6年12月～平成7年9月	新進党「明日の内閣」国土・交通政策担当
平成7年5月～平成8年6月	新進党非常事態に対する日本の政治の責任を考える会代表
平成7年5月～平成9年12月	新進党和歌山県連会長
平成7年6月～平成9年12月	新進党半島振興議員連盟会長
平成7年9月～平成9年12月	新進党選挙対策局長
平成7年11月～平成9年12月	新進党観光振興議員連盟会長
平成8年10月～平成9年9月	衆議院予算委員会理事
平成8年12月～	国土開発幹線自動車道建設審議会委員
平成9年9月～平成10年1月	衆議院建設常任委員長
平成10年1月～平成11年10月	自由党国会対策委員長
平成10年1月～平成11年10月	自由党農林水産・交通部会長
平成11年10月～平成12年4月	第2次改造小渕内閣　運輸大臣
平成11年10月～平成12年4月	第2次改造小渕内閣　北海道開発庁長官

天に星　地に花　人に愛

監修者

大中吉一（おおなか よしかず）

『月刊公論』発行人。1946年生まれ。1967年、19歳で株式会社財界通信社を設立。主幹となる。1982年にデイビット・ロックフェラー（チェースマンハッタン銀行会長・日米欧委員会座長）を取材、その後ジェローム・コーエン、ヒュー・パトリック、ヒラリー・クリントン女史等を取材。1993年にはＥＵ統合を機に欧州経済視察団として取材。その他、韓国経済視察団、米国経営研究視察団、日米経営問題研究視察団など多くの視察団に同行し、50年以上に及ぶ取材・報道を手がけている。岸信介など戦後の日本を再興した要人たちへのインタビューを通じて培った人脈は政財界に広く及び、その唯一無二のネットワークによるロビー活動には定評がある。

文

林渓清（はやし けいしん）

『月刊公論』編集長。1952年生まれ。コピーライターを経て執筆活動を始める。ジャンルは渓流釣り、旅行、自動車全般、モータースポーツ、アウトドア、環境問題、音楽（洋楽）、食など多岐にわたる。レインボータウンＦＭの「大江戸ワイドSuper Saturday」のメインパーソナリティ。こよなく江戸の「いき」を愛する「自称後発性江戸っ子」として下町文化を発信し続けている。2011年よりＮＰＯ法人「江戸まち通信」の代表理事も務める。

ナンバー2の美学 二階俊博の本心

2020年12月10日　初版第一刷発行

監修：大中吉一　文：林溪清

カバー写真　長野容子
似顔絵　佐藤敏己（LYNX）
カバーデザイン　秋吉あきら（アキヨシアキラデザイン）
本文デザイン　谷敦（アーティザンカンパニー）
校正　櫻井健司
編集　小宮亜里　黒澤麻子
営業　石川達也

協力　二階俊博事務所

発行者　田中幹男
発行所　株式会社ブックマン社　http://bookman.co.jp
〒101-0065　千代田区西神田3-3-5
TEL 03-3237-7777　FAX 03-5226-9599

ISBN 978-4-89308-938-0
印刷・製本　凸版印刷株式会社